AF477271

Félix Lope de Vega y Carpio

El caballero de Olmedo

Barcelona **2024**
Linkgua-ediciones.com

Créditos

Título original: El caballero de Olmedo.

© 2024, Red ediciones S.L.

e-mail: info@linkgua.com

Diseño de cubierta: Michel Mallard.

ISBN tapa dura: 978-84-1126-212-5.
ISBN rústica: 978-84-96290-76-1.
ISBN ebook: 978-84-9897-050-0.

Sumario

Brevísima presentación

La vida

Félix Lope de Vega y Carpio (Madrid, 1562-Madrid, 1635). España.

Nació en una familia modesta, estudió con los jesuitas y no terminó la universidad en Alcalá de Henares, parece que por asuntos amorosos. Tras su ruptura con Elena Osorio (Filis en sus poemas), su gran amor de juventud, Lope escribió libelos contra la familia de ésta. Por ello fue procesado y desterrado en 1588, año en que se casó con Isabel de Urbina (Belisa).

Pasó los dos primeros años en Valencia, y luego en Alba de Tormes, al servicio del duque de Alba. En 1594, tras fallecer su esposa y su hija, fue perdonado y volvió a Madrid. Allí tuvo una relación amorosa con una actriz, Micaela Luján (Camila Lucinda) con la que tuvo mucha descendencia, hecho que no impidió su segundo matrimonio, con Juana Guardo, del que nacieron dos hijos.

Entonces era uno de los autores más populares y aclamados de la Corte. En 1605 entró al servicio del duque de Sessa como secretario, aunque también actuó como intermediario amoroso de éste. La desgracia marcó sus últimos años: Marta de Nevares una de sus últimas amantes quedó ciega en 1625, perdió la razón y murió en 1632. También murió su hijo Lope Félix. La soledad, el sufrimiento, la enfermedad, o los problemas económicos no le impidieron escribir.

La trama

Don Alonso, conocido en Olmedo por su origen noble se encuentra con doña Inés en la feria de Medina. Don Alonso se enamora y es correspondido a través de Fabia. Sin embargo, el padre de Inés pretende casarla con don Rodrigo provocando un enfrentamiento entre ambos caballeros. En consecuencia Alonso es asaltado y herido de muerte. La presencia del rey hará que la justicia castigue el crimen.

El caballero de Olmedo está escrito en forma de quintilla (estrofa de cinco octosílabos en la que pueden rimar tres versos seguidos).

Personajes

Acompañamiento
Ana
Criados
Don Alonso
Don Fernando
Don Pedro
Don Rodrigo
Doña Inés
Doña Leonor
El condestable
El rey don Juan
Fabia
Gente
Mendo
Tello
Un labrador
Una sombra

Jornada primera

[La acción en Olmedo, Medina del Campo y en un camino entre estos dos pueblos.]

(Don Alonso, doña Leonor, don Rodrigo, Tello, don Fernando, Ana, don Pedro, Fabia, doña Inés.)

(Sale don Alonso.)

Don Alonso   Amor, no te llame amor
el que no te corresponde,
pues que no hay materia adonde
imprima forma el favor.
Naturaleza, en rigor   5
conservó tantas edades
correspondiendo amistades;
que no hay animal perfeto
si no asiste a su conceto
la unión de dos voluntades.   10
    De los espíritus vivos
de unos ojos procedió
este amor, que me encendió
con fuegos tan excesivos.
No me miraron altivos,   15
antes, con dulce mudanza,
me dieron tal confianza;
que, con poca diferencia,
pensando correspondencia,
engendra amor esperanza.   20
    Ojos, si ha quedado en vos
de la vista el mismo efeto,
amor vivirá perfeto,
pues fue engendrado de dos;

pero si tú, ciego dios,   25
diversas flechas tomaste,
no te alabes que alcanzaste
la vitoria, que perdiste,
si de mí solo naciste,
pues imperfeto quedaste.   30

(Salen Tello, criado, y Fabia.)

Fabia   ¿A mí, forastero?

Tello   A ti.

Fabia   Debe pensar que yo
soy perro de muestra.

Tello   No.

Fabia   ¿Tiene algún achaque?

Tello   Sí.

Fabia   ¿Qué enfermedad tiene?

Tello   Amor.   35

Fabia   Amor ¿de quién?

Tello   Allí está:
él, Fabia, te informará
de lo que quiere mejor.

Fabia   Dios guarde tal gentileza.

Don Alonso   Tello, ¿es la madre?

Tello   La propria.   40

Don Alonso   ¡Oh Fabia! ¡Oh retrato, oh copia
               de cuanto naturaleza
                 puso en ingenio mortal!
               ¡Oh peregrino dotor
               y para enfermos de amor   45
               Hipócrates celestial!
                 Dame a besar esa mano,
               honor de las tocas, gloria
               del monjil.

Fabia   La nueva historia
               de tu amor cubriera en vano   50
                 vergüenza o respeto mío,
               que ya en tus caricias veo
               tu enfermedad.

Don Alonso   Un deseo
               es dueño de mi albedrío.

Fabia   El pulso de los amantes   55
               es el rostro. Aojado estás.
               ¿Qué has visto?

Don Alonso   Un ángel

Fabia   ¿Qué más?

Don Alonso   Dos imposibles, bastantes,
                 Fabia, a quitarme el sentido:
               que es dejarla de querer   60

                        y que ella me quiera.

Fabia   Ayer
te vi en la feria perdido
   tras una cierta doncella,
que en forma de labradora
encubría el ser señora,   65
no el ser tan hermosa y bella;
   que pienso que doña Inés
es de Medina la flor.

Don Alonso   Acertaste con mi amor;
esa labradora es   70
   fuego que me abrasa y arde.

Fabia   Alto has picado.

Don Alonso   Es deseo
de su honor.

Fabia   Así lo creo.

Don Alonso   Escucha, así dios te guarde.
   Por la tarde salió Inés   75
a la feria de Medina,
tan hermosa, que la gente
pensaba que amanecía.
Rizado el cabello en lazos,
que quiso encubrir la liga   80
porque mal caerán las almas
si ven las redes tendidas.
Los ojos, a lo valiente,
iban perdonando vidas,
aunque dicen los que deja   85

12

que es dichoso a quien la quita.
Las manos haciendo tretas,
que, como juego de esgrima,
tiene tanta gracia en ellas,
que señala las heridas.   90
Las valonas esquinadas
en manos de nieve viva,
que muñecas de papel
se han de poner en esquinas.
Con la caja de la boca   95
allegaba infantería,
porque, sin ser capitán,
hizo gente por la villa.
Los corales y las perlas
dejó Inés, porque sabía   100
que las llevaban mejores
los dientes y las mejillas.
Sobre un manteo francés
una verdemar basquiña,
porque tenga en otra lengua   105
de su secreto la cifra.
No pensaron las chinelas
llevar de cuantos la miran
los ojos en los listones,
las almas en las virillas.   110
No se vio florido almendro
como toda parecía,
que del olor natural
son las mejores pastillas.
Invisible fue con ella   115
el Amor, muerto de risa
de ver, como pescador,
los simples peces que pican.
Unos le prometen sartas

y otros arracadas ricas;   120
pero en oídos de áspid
no hay arracadas que sirvan.
Cuál a su garganta hermosa
el collar de perlas finas;
pero, como toda es perla,   125
poco las perlas estima.
Yo, haciendo lengua los ojos,
solamente le ofrecía
a cada cabello un alma,
a cada paso una vida.   130
Mirándome sin hablarme,
parece que me decía:
«No os vais, don Alonso, a Olmedo,
quedaos agora en Medina».
Creí mi esperanza, Fabia...   135
Salió esta mañana a misa,
ya con galas de señora,
no labradora fingida.
Si has oído que el marfil
del unicornio santigua   140
las aguas, así el cristal
de un dedo puso en la pila.
Llegó mi amor basilisco,
y salió del agua misma
templado el veneno ardiente   145
que procedió de su vista.
Miró a su hermana, y entrambas
se encontraron en la risa,
acompañando mi amor
su hermosura y mi porfía.   150
En una capilla entraron;
yo, que siguiéndolas iba,
entré imaginando bodas:

¡tanto quien ama imagina!
Vime sentenciado a muerte,   155
porque el amor me decía:
«Mañana mueres, pues hoy
te meten en la capilla».
En ella estuve turbado:
ya el guante se me caía,   160
ya el rosario, que los ojos
a Inés iban y venían.
No me pagó mal; sospecho
que bien conoció que había
amor y nobleza en mí;   165
que quien no piensa no mira,
y mirar sin pensar, Fabia,
es de inorantes, y implica
contradición que en un ángel
faltase ciencia divina.   170
Con este engaño, en efeto,
le dije a mi amor que escriba
este papel; que si quieres
ser dichosa y atrevida
hasta ponerle en sus manos,   175
para que mi fe consiga
esperanzas de casarme
(tan honesto amor me inclina),
el premio será un esclavo,
con una cadena rica,   180
encomienda de esas tocas,
de malcasadas envidia.

Fabia   Yo te he escuchado.

Don Alonso   Y ¿qué sientes?

Fabia   Que a peligro te pones.

Tello   Escusa, Fabia, razones,   185
               si no es que por dicha intentes,
                 como diestro cirujano,
               hacer la herida mortal.

Fabia   Tello, con industria igual
               pondré el papel en su mano,   190
                 aunque me cueste la vida,
               sin interés, porque entiendas
               que, donde hay tan altas prendas,
               sola yo fuera atrevida.
                 Muestra el papel, que primero   195
               le tengo de aderezar.

Don Alonso   ¿Con qué te podré pagar
               la vida, el alma que espero,
                 Fabia, de esas santas manos?

Tello   ¿Santas?

Don Alonso   ¿Pues no, si han de hacer   200
               milagros?

Tello   De Lucifer.

Fabia   Todos los medios humanos
                 tengo de intentar por ti,
               porque el darme esa cadena
               no es cosa que me da pena: 205
               más confiada nací.

Tello   ¿Qué te dice el memorial?

Don Alonso   Ven, Fabia, ven, madre honrada,
                              porque sepas mi posada.

Fabia   Tello...

Tello   Fabia...

Fabia [Aparte a Tello.]   No hables mal,   210
                                que tengo cierta morena
                                de estremado talle y cara...

Tello   Contigo me contentara,
                              si me dieras la cadena.

(Vanse.)

[Sala en casa de don Pedro en Medina.]

(Salen doña Inés y doña Leonor.)

Doña Inés   Y todos dicen, Leonor,   215
                              que nace de las estrellas.

Doña Leonor   De manera que, sin ellas,
                              ¿no hubiera en el mundo amor?

Doña Inés   Dime tú: si don Rodrigo
                              ha que me sirve dos años,   220
                              y su talle y sus engaños
                              son nieve helada conmigo,
                                y en el instante que vi
                              este galán forastero
                              me dijo el alma: «Éste quiero»,   225

y yo le dije: «Sea ansí»,
   ¿quién concierta y desconcierta
este amor y desamor?

Doña Leonor   Tira como ciego Amor:
yerra mucho y poco acierta.   230
   Demás que negar no puedo
(aunque es de Fernando amigo
tu aborrecido Rodrigo,
por quien obligada quedo
   a intercederte por él)   235
que el forastero es galán.

Doña Inés   Sus ojos causa me dan
para ponerlos en él,
   pues pienso que en ellos vi
el cuidado que me dio,   240
para que mirase yo
con el que también le di.
   Pero ya se habrá partido.

Doña Leonor   No le miro yo de suerte
que pueda vivir sin verte.   245

([Sale] Ana, criada.)

Ana   Aquí, señora, ha venido
   la Fabia... o la Fabiana.

Doña Inés   Pues ¿quién es esa mujer?

Ana   Una que suele vender
para las mejillas grana   250
   y para la cara nieve.

| Doña Inés | ¿Quieres tú que entre, Leonor? |

Doña Leonor	En casas de tanto honor
	no sé yo cómo se atreve,
	que no tiene buena fama; 255
	mas ¿quién no desea ver?

| Doña Inés | Ana, llama esa mujer. |

| Ana | Fabia, mi señora os llama. |

(Fabia, con una canastilla.)

Fabia [Aparte.]	Y ¡cómo si yo sabía
	que me habías de llamar! 260
	¡Ay! Dios os deje gozar
	tanta gracia y bizarría,
	tanta hermosura y donaire;
	que cada día que os veo
	con tanta gala y aseo 265
	y pisar de tan buen aire,
	os echo mil bendiciones;
	y me acuerdo como agora
	de aquella ilustre señora,
	que con tantas perfecciones 270
	fue la fénix de Medina,
	fue el ejemplo de lealtad.
	¡Qué generosa piedad
	de eterna memoria digna!
	¡Qué de pobres la lloramos! 275
	¿A quién no hizo mil bienes?

| Doña Inés | Dinos, madre, a lo que vienes. |

Fabia   ¡Qué de huérfanas quedamos
                            por su muerte malograda!
                         ¡La flor de las Catalinas!   280
                         Hoy la lloran mis vecinas,
                         no la tienen olvidada.
                            Y a mí, ¿qué bien no me hacía?
                         ¡Qué en agraz se la llevó
                         la muerte! No se logró.   285
                         Aún cincuenta no tenía.

Doña Inés   No llores, madre, no llores.

Fabia   No me puedo consolar,
                         cuando le veo llevar
                         a la muerte las mejores,   290
                            y que yo me quedo acá.
                         Vuestro padre, Dios le guarde,
                         ¿está en casa?

Doña Leonor   Fue esta tarde
                         al campo.

Fabia [Aparte.]   Tarde vendrá
                            Si va a deciros verdades,   295
                         mozas sois, vieja soy yo...
                         más de una vez me fió
                         don Pedro sus mocedades;
                            pero teniendo respeto
                         a la que pudre, yo hacía,   300
                         como quien se lo debía,
                         mi obligación. En efeto,
                            de diez mozas, no le daba
                         cinco.

Doña Inés   ¡Qué virtud!

Fabia   No es poco,
que era vuestro padre un loco: 305
cuanto vía, tanto amaba.
   Si sois de su condición,
me admiro de que no estéis
enamoradas. ¿No hacéis,
niñas, alguna oración   310
   para casaros?

Doña Inés   No, Fabia.
Eso siempre será presto.

Fabia   Padre que se duerme en esto,
mucho a sí mismo se agravia.
   La fruta fresca, hijas mías,   315
es gran cosa, y no aguardar
a que la venga a arrugar
la brevedad de los días.
   Cuantas cosas imagino,
dos solas, en mi opinión,   320
son buenas, viejas.

Doña Leonor   ¿Y son?

Fabia   Hija, el amigo y el vino.
   ¿Veisme aquí? Pues yo os prometo
que fue tiempo en que tenía
mi hermosura y bizarría   325
más de algún galán sujeto.
   ¿Quién no alababa mi brío?
¡Dichoso a quien yo miraba!

Pues ¿qué seda no arrastraba?
¡Qué gasto, qué plato el mío!   330
    Andaba en palmas, en andas.
Pues, ¡ay Dios!, si yo quería,
¿qué regalos no tenía
desta gente de hopalandas?
    Pasó aquella primavera,   335
no entra un hombre por mi casa;
que, como el tiempo se pasa,
pasa la hermosura.

Doña Inés   Espera,
    ¿qué es lo que traes aquí?

Fabia   Niñerías que vender   340
para comer, por no hacer
cosas malas.

Doña Leonor   Hazlo ansí,
madre, y Dios te ayudará.

Fabia   Hija, mi rosario y misa:
esto, cuando estoy de prisa;   345
que si no...

Doña Inés   Vuélvete acá.
    ¿Qué es esto?

Fabia   Papeles son
de alcanfor y solimán.
Aquí secretos están
de gran consideración   350
    para nuestra enfermedad
ordinaria.

Doña Leonor   Y esto ¿qué es?

Fabia   No lo mires, aunque estés
con tanta curiosidad.

Doña Leonor   ¿Qué es, por tu vida?

Fabia   Una moza   355
se quiere, niñas, casar;
mas acertóla a engañar
un hombre de Zaragoza.
    Hase encomendado a mí,
soy piadosa... en fin, es   360
limosna, porque después
vivan en paz.

Doña Inés   ¿Qué hay aquí?

Fabia   Polvos de dientes, jabones
de manos, pastillas, cosas
curiosas y provechosas.   365

Doña Inés   ¿Y esto?

Fabia   Algunas oraciones.
    ¡Qué no me deben a mí
las ánimas!

Doña Inés   Un papel
hay aquí.

Fabia   Diste con él,
cual si fuera para ti.   370

Suéltale, no le has de ver,
bellaquilla, curiosilla.

Doña Inés   Deja, madre...

Fabia   Hay en la villa
cierto galán bachiller
    que quiere bien una dama;   375
prométeme una cadena
porque le dé yo, con pena
de su honor, recato y fama.
    Aunque es para casamiento,
no me atrevo. Haz una cosa   380
por mí, doña Inés hermosa,
que es discreto pensamiento:
    respóndeme a este papel,
y diré que me le ha dado
su dama.

Doña Inés   Bien lo has pensado,   385
si pescas, Fabia, con él
    la cadena prometida.
Yo quiero hacerte este bien.

Fabia   Tantos los cielos te den
que un siglo alarguen tu vida.   390

(Lee el papel.)

Doña Inés   Allá dentro,
y te traeré la respuesta.

(Vase.)

Doña Leonor   ¡Qué buena invención!

Fabia [Aparte.]   ¡Apresta,
                   fiero habitador del centro,
                      fuego accidental que abrase   395
                   el pecho desta doncella!

(Salen don Rodrigo y don Fernando.)

Don Rodrigo
(A don Fernando.)   ¿Hasta casarme con ella,
                   será forzoso que pase
                      por estos inconvenientes?

Don Fernando   Mucho ha de sufrir quien ama.   400

Don Rodrigo   Aquí tenéis vuestra dama...

Fabia [Aparte.]   ¡Oh necios impertinentes!
                      ¿Quién os ha traído aquí?

Don Rodrigo   Pero ¡en lugar de la mía,
                   aquella sombra!

Fabia [A doña Leonor.] Sería   405
                   gran limosna para mí,
                      que tengo necesidad.

Doña Leonor   Yo haré que os pague mi hermana.

Don Fernando   Si habéis tomado, señora,
                   o por ventura os agrada   410
                   algo de lo que hay aquí
                   (si bien serán cosas bajas

las que aquí puede traer
esta venerable anciana,
pues no serán ricas joyas   415
para ofreceros la paga),
mandadme que os sirva yo.

Doña Leonor   No hebemos comprado nada;
que es esta buena mujer
quien suele lavar en casa   420
la ropa.

Don Rodrigo   ¿Qué hace don Pedro?

Doña Leonor   Fue al campo, pero ya tarda.

Don Rodrigo   ¿Mi señora doña Inés...?

Doña Leonor   Aquí estaba... Pienso que anda
despachando esta mujer.   425

Don Rodrigo [Aparte.] Si me vio por la ventana,
¿quién duda que huyó por mí?
¿Tanto de ver se recata
quien más servirla desea?

(Salga doña Inés.)

Doña Leonor   Ya sale.

[A su hermana.]   Mira que aguarda   430
por la cuenta de la ropa
Fabia.

Doña Inés   Aquí la traigo, hermana.

Tomad y haced que ese mozo
la lleve.

Fabia   ¡Dichosa el agua
que ha de lavar, doña Inés,   435
las reliquias de la holanda
que tales cristales cubre!

(Lea.)   Seis camisas, diez toallas
cuatro tablas de manteles,
dos cosidos de almohadas,   440
seis camisas de señor,
ocho sábanas... Mas basta,
que todo vendrá más limpio
que los ojos de la cara.

Don Rodrigo   Amiga, ¿queréis feriarme   445
ese papel, y la paga
fiad de mí, por tener
de aquellas manos ingratas
letra siquiera en las mías?

Fabia   ¡En verdad que negociara   450
muy bien si os diera el papel!
Adiós, hijas de mi alma.

(Vase)

[Doña Inés, doña Leonor, don Rodrigo y don Fernando.]

Don Rodrigo   Esta memoria aquí había
de quedar, que no llevarla.

Doña Inés   Llévala y vuélvela, a efeto   455

de saber si algo le falta.
Mi padre ha venido ya.
Vuesas mercedes se vayan
o le visiten, que siente
que nos hable, aunque calla.   460

Don Rodrigo   Para sufrir el desdén
que me trata desta suerte,
pido al amor y a la muerte
que algún remedio me den.
Al amor, porque también   465
pueda templar tu rigor
con hacerme algún favor;
y a la muerte, porque acabe
mi vida; pero no sabe
la muerte, ni quiere amor.   470
   Entre la vida y la muerte,
no sé qué medio tener,
pues amor no ha de querer
que con tu favor acierte;
y siendo fuerza quererte,   475
quiere el amor que te pida
que seas tú mi homicida.
Mata, ingrata, a quien te adora:
serás mi muerte, señora,
pues no quieres ser mi vida.   480
   Cuanto vive, de amor nace
y se sustenta de amor;
cuanto muere es un rigor
que nuestras vidas deshace.
Si al amor no satisface   485
mi pena, ni la hay tan fuerte
con que la muerte me acierte,
debo de ser inmortal,

pues no me hacen bien ni mal
ni la vida ni la muerte.   490

(Vanse los dos.)

[Doña Inés y doña Leonor.]

Doña Inés   ¡Qué de necedades juntas!

Doña Leonor   No fue la tuya menor.

Doña Inés   ¿Cuándo fue discreto amor,
                       si del papel me preguntas?

Doña Leonor   ¿Amor te obliga a escribir   495
                       sin saber a quién?

Doña Inés   Sospecho
                       que es invención que se ha hecho
                       para probarme a rendir,
                          de parte del forastero.

Doña Leonor   Yo también lo imaginé.   500

Doña Inés   Si fue ansí, discreto fue.
                       Leerte unos versos quiero.

(Lea.)   «Yo vi la más hermosa labradora,
                       en la feria de Medina,
                       que ha visto el Sol adonde más se inclina   505
                       desde la risa de la blanca aurora.
                          Una chinela de color, que dora
                       de una coluna hermosa y cristalina
                       la breve basa, fue la ardiente mina

que vuela el alma a la región que adora.   510
    Que una chinela fuese vitoriosa,
siendo los ojos del Amor enojos,
confesé por hazaña milagrosa.
    Pero díjele, dando los despojos:
"Si matas con los pies, Inés hermosa,   515
¿qué dejas para el fuego de tus ojos?"».

Doña Leonor   Este galán, doña Inés,
                   te quiere para danzar.

Doña Inés   Quiere en los pies comenzar
                   y pedir manos después.   520

Doña Leonor   ¿Qué respondiste?

Doña Inés   Que fuese
                   esta noche por la reja
                   del güerto.

Doña Leonor   ¿Quién te aconseja,
                   o qué desatino es ése?

Doña Inés   No para hablarle.

Doña Leonor   Pues ¿qué?   525

Doña Inés   Ven conmigo y lo sabrás.

Doña Leonor   Necia y atrevida estás.

Doña Inés   ¿Cuándo el amor no lo fue?

Doña Leonor   Huir de amor cuando empieza...

Doña Inés	Nadie del primero huye,	530
	porque dicen que le influye	
	la misma naturaleza.	

(Vanse.)

[Sala en una posada de Medina.]

(Salen don Alonso, Tello y Fabia.)

Fabia	Cuatro mil palos me han dado.
Tello	¡Lindamente negociaste!
Fabia	Si tú llevaras los medios...	535
Don Alonso	Ello ha sido disparate,
	que yo me atreviese al cielo.
Tello	Y que Fabia fuese el ángel,
	que al infierno de los palos
	cayese por levantarte.	540
Fabia	¡Ay, pobre Fabia!
Tello	¿Quién fueron
	los crueles sacristanes
	del facistol de tu espalda?
Fabia	Dos lacayos y tres pajes.
	Allá he dejado las tocas	545
	y el monjil hecho seis partes.

Don Alonso	Eso, madre, no importara,
	si a tu rostro venerable
	no se hubieran atrevido.
	¡Oh, qué necio fui en fiarme	550
	de aquellos ojos traidores,
	de aquellos falsos diamantes,
	niñas que me hicieron señas
	para engañarme y matarme!
	Yo tengo justo castigo.	555
	Toma este bolsillo, madre...
	y ensilla, Tello, que a Olmedo
	nos hemos de ir esta tarde.

Don Alonso   Eso, madre, no importara,

| | pues en mondadientes caben. | 570 |

Don Alonso (Lea.) «Cuidadosa de saber si sois quien presumo, y deseando que lo seáis, os suplico que vais esta noche a la reja del jardín desta casa, donde hallaréis atado el listón verde de las chinelas, y ponéosle mañana en el sombrero para que os conozca.»

Fabia ¿Qué te dice?

Don Alonso Que no puedo
pagarte ni encarecerte
tanto bien.

Tello Ya desta suerte
no hay que ensillar para Olmedo.
  ¿Oyen, señores rocines?   575
Sosiéguense que en Medina
nos quedamos.

Don Alonso La vecina
noche, en los últimos fines
  con que va espirando el día,
pone los helados pies.   580
Para la reja de Inés,
aún importa bizarría,
  que podría ser que amor
la llevase a ver tomar
la cinta. Voyme a mudar.   585

(Vase.)

Tello Y yo a dar a mi señor,
  Fabia, con licencia tuya,

aderezo de sereno.

Fabia   Deténte.

Tello   Eso fuera bueno,
          a ser la condición suya   590
          para vestirse sin mí.

Fabia   Pues bien lo puedes dejar,
          porque me has de acompañar.

Tello   ¿A ti, Fabia?

Fabia   A mí.

Tello   ¿Yo?

Fabia   Sí,
          que importa a la brevedad   595
          deste amor.

Tello   ¿Qué es lo que quieres?

Fabia   Con los hombres, las mujeres
          llevamos seguridad.
          Una muela he menester
          del salteador que ahorcaron   600
          ayer.

Tello   Pues ¿no le enterraron?

Fabia   No.

Tello   Pues ¿qué quieres hacer?

Fabia	Ir por ella, y que conmigo vayas solo acompañarme.	
Tello	Yo sabré muy bien guardarme de ir a esos pasos contigo. ¿Tienes seso?	605
Fabia	Pues, gallina, adonde yo voy, ¿no irás?	
Tello	Tú, Fabia, enseñada estás a hablar al diablo.	
Fabia	Camina.	610
Tello	Mándame a diez hombres juntos temerario acuchillar y no me mandes tratar en materia de difuntos.	
Fabia	Si no vas, tengo de hacer que el propio venga a buscarte.	615
Tello	¡Que tengo de acompañarte! ¿Eres demonio o mujer?	
Fabia	Ven, llevarás la escalera, que no entiendes destos casos.	620
Tello	Quien sube por tales pasos, Fabia, el mismo fin espera.	

[Vanse.]

[Calle y vista exterior de la casa de don Pedro.]

(Salen don Fernando y don Rodrigo, en hábito de noche.)

Don Fernando   ¿De qué sirve inútilmente
venir a ver esta casa?

Don Rodrigo   Consuélase entre estas rejas, 625
don Fernando, mi esperanza.
Tal vez sus hierros guarnece
cristal de sus manos blancas;
donde las pone de día,
pongo yo de noche el alma; 630
que cuanto más doña Inés
con sus desdenes me mata,
tanto más se enciende el pecho,
así su nieve me abrasa.
¡Oh rejas, enternecidas 635
de mi llanto, quién pensara
que un ángel endureciera
quien vuestros hierros ablanda!
¡Oíd! ¿Qué es lo que está aquí?

Don Fernando   En ellos mismos atada 640
está una cinta o listón.

Don Rodrigo   Sin duda las almas atan
a estos hierros, por castigo
de los que su amor declaran.

Don Fernando   Favor fue de mi Leonor; 645
tal vez por aquí me habla.

Don Rodrigo   Que no lo será de Inés
                     dice mi desconfianza;
                     pero en duda de que es suyo,
                     porque sus manos ingratas   650
                     pudieron ponerle acaso,
                     basta que la fe me valga.
                     Dadme el listón.

Don Fernando   No es razón,
                     si acaso Leonor pensaba
                     saber mi cuidado ansí,   655
                     y no me le ve mañana.

Don Rodrigo   Un remedio se me ofrece.

Don Fernando   ¿Cómo?

Don Rodrigo   Partirle.

Don Fernando   ¿A qué causa?

Don Rodrigo   A que las dos nos le vean,
                     y sabrán con esta traza   660
                     que habemos venido juntos.

[Dividen el listón.]

Don Fernando   Gente por la calle pasa.

(Salen don Alonso y Tello, de noche.)

Tello [A su amo.]   Llega de presto a la reja;
                     mira que Fabia me aguarda
                     para un negocio que tiene   665

de grandísima importancia.

Don Alonso   ¡Negocio Fabia esta noche
contigo!

Tello   Es cosa muy alta.

Don Alonso   ¿Cómo?

Tello   Yo llevo escalera,
y ella...

Don Alonso   ¿Qué lleva?

Tello   Tenazas.   670

Don Alonso   Pues ¿qué habéis de hacer?

Tello   Sacar
una dama de su casa.

Don Alonso   Mira lo que haces, Tello:
no entres adonde no salgas.

Tello   No es nada, por vida tuya.   675

Don Alonso   Una doncella, ¿no es nada?

Tello   Es la muela del ladrón
que ahorcaron ayer.

Don Alonso   Repara
en que acompañan la reja
dos hombres.

Tello   ¿Si están de guarda?   680

Don Alonso   ¡Qué buen listón!

Tello   Ella quiso
castigarte.

Don Alonso   ¿No buscara,
si fui atrevido, otro estilo?
Pues advierta que se engaña.
Mal conoce a don Alonso,   685
que por excelencia llaman
«el Caballero de Olmedo».
¡Vive Dios, que he de mostrarla
a castigar de otra suerte
a quien la sirve!

Tello   No hagas   690
algún disparate.

Don Alonso   Hidalgos,
en las rejas de esa casa
nadie se arrima.

Don Rodrigo [Aparte a don Fernando.]
                                              ¿Qué es esto?

Don Fernando   Ni en el talle ni en el habla
conozco este hombre. ¿Quién es   695
el que con tanta arrogancia
se atreve a hablar?

Don Alonso   El que tiene

por lengua, hidalgos, la espada.

Don Rodrigo   Pues hallará quien castigue
su locura temeraria.   700

Tello   Cierra, señor, que no son
muelas que a difuntos sacan.

(Retírenlos.)

Don Alonso   No los sigas, bueno está.

Tello   Aquí se quedó una capa.

Don Alonso   Cógela y ven por aquí,   705
que hay luces en las ventanas.

[Vanse.]

[Sala en casa de don Pedro.]

(Salen doña Leonor y doña Inés.)

Doña Inés   Apenas la blanca Aurora,
Leonor, el pie de marfil
puso en las flores de abril,
que pinta, esmalta y colora   710
 cuando a mirar el listón
salí, de Amor desvelada,
y con la mano turbada
di sosiego al corazón.
 En fin, él no estaba allí.   715

Doña Leonor Cuidado tuvo el galán.

Doña Inés   No tendrá los que me dan
                             sus pensamientos a mí.

Doña Leonor   Tú, que fuiste el mismo yelo,
                             ¿en tan breve tiempo estás   720
                             de esa suerte?

Doña Inés   No sé más
                             de que me castiga el cielo.
                               O es venganza o es vitoria
                             de Amor en mi condición:
                             parece que el corazón   725
                             se me abrasa en su memoria.
                               Un punto solo no puedo
                             apartarla dél. ¿Qué haré?

(Sale don Rodrigo, con el listón en el sombrero.)

Don Rodrigo [Aparte.]   (Nunca, amor, imaginé
                             que te sujetara el miedo.   730
                               Ánimo para vivir;
                             que aquí está Inés.) Al señor
                             don Pedro busco.

Doña Inés   Es error
                             tan de mañana acudir,
                               que no estará levantado.   735

Don Rodrigo   Es un negocio importante.

Doña Inés
[Aparte a su hermana.] No he visto tan necio amante.

Doña Leonor   Siempre es discreto lo amado
                       y necio lo aborrecido.

Don Rodrigo [Aparte.]   ¡Que de ninguna manera   740
                       puedo agradar un fiera
                       ni dar memoria a su olvido...!

Doña Inés
[Aparte a su hermana.]   ¡Ay, Leonor! No sin razón
                       viene don Rodrigo aquí,
                       si yo misma le escribí   745
                       que fuese por el listón.

Doña Leonor   Fabia este engaño te ha hecho.

Doña Inés   Presto romperé el papel,
                       que quiero vengarme en él
                       de que ha dormido en mi pecho.   750

(Salen don Pedro, su padre, y don Fernando, [con listón verde en el sombre-
ro].)

Don Fernando
[Aparte a don Pedro.]   Hame puesto por tercero
                       para tratarlo con vos.

Don Pedro   Pues hablaremos los dos
                       en el concierto primero.

Don Fernando   Aquí está, que siempre amor   755
                       es reloj anticipado.

Don Pedro   Habrále Inés concertado
                       con la llave del favor.

Don Fernando   De lo contrario se agravia.

Don Pedro   Señor don Rodrigo...

Don Rodrigo   Aquí   760
          vengo a que os sirváis de mí.

[Hablan bajo don Pedro y los dos galanes.]

Doña Inés [Aparte a Doña Leonor.]
          Todo fue enredo de Fabia.

Doña Leonor   ¿Cómo?

Doña Inés   ¿No ves que también
          trae el listón don Fernando?

Doña Leonor   Si en los dos le estoy mirando,   765
          entrambos te quieren bien.

Doña Inés   Solo falta que me pidas
          celos, cuando estoy sin mí.

Doña Leonor   ¿Qué quieren tratar aquí?

Doña Inés   ¿Ya las palabras olvidas   770
           que dijo mi padre ayer
          en materia de casarme?

Doña Leonor   Luego bien puede olvidarme
          Fernando, si él viene a ser.

Doña Inés   Antes presumo que son   775

entrambos los que han querido
casarse, pues han partido
entre los dos el listón.

Don Pedro
[A los caballeros.]   Ésta es materia que quiere
secreto y espacio: entremos   780
donde mejor la tratemos.

Don Rodrigo   Como yo ser vuestro espere,
no tengo más que tratar.

Don Pedro   Aunque os quiero enamorado
de Inés, para el nuevo estado,   785
quien soy os ha de obligar.

(Vanse los tres.)

Doña Inés   ¡Qué vana fue mi esperanza!
¡Qué loco mi pensamiento!
¡Yo papel a don Rodrigo!
¡Y tú de Fernando celos!   790
¡Oh forastero enemigo!
¡Oh Fabia embustera!

(Sale Fabia.)

Fabia   Quedo,
que lo está escuchando Fabia.

Doña Inés   Pues ¿cómo, enemiga, has hecho
un enredo semejante?   795

Fabia   Antes fue tuyo el enredo,

si en aquel papel escribes
que fuese aquel caballero
por un listón de esperanza
a las rejas de tu güerto,   800
y en ellas pones dos hombres
que le maten, aunque pienso
que, a no se haber retirado,
pagaran su loco intento.

Doña Inés   ¡Ay, Fabia! Ya que contigo   805
llego a declarar mi pecho,
ya que a mi padre, a mi estado
y a mi honor pierdo el respeto,
dime: ¿es verdad lo que dices?
Que siendo ansí, los que fueron   810
a la reja le tomaron
y por favor se le han puesto.
De suerte estoy, madre mía,
que no puedo hallar sosiego
si no es pensando en quien sabes.   815

Fabia [Aparte.]   (¡Oh, qué bravo efeto hicieron
los hechizos y conjuros!
La vitoria me prometo.)
No te desconsueles, hija;
vuelve en ti, que tendrás presto   820
estado con el mejor
y más noble caballero
que agora tiene Castilla;
porque será por lo menos
el que por único llaman   825
«el Caballero de Olmedo».
Don Alonso en una feria
te vio, labradora Venus,

haciendo las cejas arco
y flecha los ojos bellos.   830
Disculpa tuvo en seguirte,
porque dicen los discretos
que consiste la hermosura
en ojos y entendimiento.
En fin, en las verdes cintas   835
de tus pies llevastes presos
los suyos, que ya el Amor
no prende con los cabellos...
Él te sirve, tú le estimas;
él te adora, tú le has muerto;   840
él te escribe, tú respondes:
¿quién culpa amor tan honesto?
Para él tienen sus padres,
porque es único heredero,
diez mil ducados de renta;   845
y aunque es tan mozo, son viejos.
Déjate amar y servir
del más noble, del más cuerdo
caballero de Castilla,
lindo talle, lindo ingenio.   850
El Rey en Valladolid
grandes mercedes le ha hecho,
porque él solo honró las fiestas
de su real casamiento.
Cuchilladas y lanzadas   855
dio en los toros como un Héctor
treinta precios dio a las damas
en sortijas y torneos.
Armado parece Aquiles
mirando de Troya el cerco;   860
con galas parece Adonis...
(¡Mejor fin le den los cielos!)

Vivirás bien empleada
en un marido discreto.
¡Desdichada de la dama   865
que tiene marido necio!

Doña Inés   ¡Ay, madre! Vuélvesme loca.
Pero, ¡triste!, ¿cómo puedo
ser suya, si a don Rodrigo
me da mi padre don Pedro?   870
Él y don Fernando están
tratando mi casamiento.

Fabia   Los dos harán nulidad
la sentencia de ese pleito.

Doña Inés   Está don Rodrigo allí.   875

Fabia   Eso no te cause miedo,
pues es parte y no juez.

Doña Inés   Leonor, ¿no me das consejo?

Doña Leonor   Y ¿estás tú para tomarle?

Doña Inés   No sé; pero no tratemos   880
en público destas cosas.

Fabia   Déjame a mí tu suceso
Don Alonso ha de ser tuyo;
que serás dichosa, espero,
con hombre que es en Castilla   885
   la gala de Medina,
   la flor de Olmedo.

Fin de la primera jornada

Jornada segunda

Don Alonso, doña Leonor, don Fernando, Tello, don Rodrigo, el rey don Juan, don Pedro, el condestable, Fabia, Ana, doña Inés. [Calle y vista exterior de la casa de don Pedro.]

(Salen Tello y don Alonso.)

Don Alonso	Tengo el morir por mejor, Tello, que vivir sin ver.	
Tello	Temo que se ha de saber este tu secreto amor; que con tanto ir y venir de Olmedo a Medina, creo que a los dos da tu deseo que sentir y aun que decir.	890 895
Don Alonso	¿Cómo puedo yo dejar de ver a Inés, si la adoro?	
Tello	Guardándole más decoro en el venir y el hablar; que en ser a tercero día, pienso que te dan, señor, tercianas de amor.	900

Don Alonso	Mi amor
	ni está ocioso, ni se enfría:
	  siempre abrasa; y no permite
	que esfuerce naturaleza
	un instante su flaqueza,
	porque jamás se remite.
	  Mas bien se ve que es león
		905

amor; su fuerza, tirana;
pues que con esta cuartana   910
se amansa mi corazón.
    Es esta ausencia una calma
de amor; porque si estuviera
adonde siempre a Inés viera,
fuera salamandra el alma.   915

Tello   ¿No te cansa y te amohína
tanto entrar, tanto partir?

Don Alonso   Pues yo ¿qué hago en venir,
Tello, de Olmedo a Medina?
    Leandro pasaba un mar   920
todas las noches, por ver
si le podía beber
para poderse templar;
    pues si entre Olmedo y Medina
no hay, Tello, un mar, ¿qué me debe   925
Inés?

Tello   A otro mar se atreve
quien al peligro camina
en que Leandro se vio;
pues a don Rodrigo veo
tan cierto de tu deseo   930
como puedo estarlo yo;
    que como yo no sabía
cúya aquella capa fue,
un día que la saqué...

Don Alonso   ¡Gran necedad!

Tello   Como mía.   935

50

Me preguntó: «Diga, hidalgo,
¿quién esta capa le dio?
Porque la conozco yo...».
Respondí: «Si os sirve en algo
    daréla a un criado vuestro».   940
Con esto, descolorido,
dijo: «Habíala perdido
de noche un lacayo nuestro,
    pero mejor empleada
está en vos: guardadla bien».   945
Y fuese a medio desdén
puesta la mano en la espada.
    Sabe que te sirvo y sabe
que la perdió con los dos.
Advierte, señor, por Dios,   950
que toda esta gente es grave,
    y que están en su lugar,
donde todo gallo canta.
Sin esto, también me espanta
ver este amor comenzar   955
    por tantas hechicerías,
y que cercos y conjuros
no son remedios seguros,
si honestamente porfías.
    Fui con ella (que no fuera)   960
a sacar de un ahorcado
una muela; puse a un lado,
como arlequín, la escalera.
    Subió Fabia; quedé al pie,
y díjome el salteador: 965
«Sube, Tello, sin temor,
o si no, yo bajaré».
    ¡San Pablo, allí me caí!
Tan sin alma vine al suelo,

que fue milagro del cielo   970
el poder volver en mí.
    Bajó, desperté turbado,
y de mirarme afligido,
porque, sin haber llovido,
estaba todo mojado.   975

Don Alonso   Tello, un verdadero amor
en ningún peligro advierte.
Quiso mi contraria suerte
que hubiese competidor,
    y que trate, enamorado,   980
casarse con doña Inés;
pues ¿qué he de hacer, si me ves
celoso y desesperado?
    No creo en hechicerías,
que todas son vanidades: 985
quien concierta voluntades,
son méritos y porfías.
    Inés me quiere, yo adoro
a Inés, yo vivo en Inés;
todo lo que Inés no es   990
desprecio, aborrezco, ignoro.
    Inés es mi bien, yo soy
esclavo de Inés; no puedo
vivir sin Inés; de Olmedo
a Medina vengo y voy,   995
    porque Inés mi dueño es
para vivir o morir.

Tello   Solo te falta decir:
«Un poco te quiero, Inés».
    ¡Plega a Dios que por bien sea!   1000

Don Alonso   Llama, que es hora.

Tello   Yo voy.

[Llama en casa de don Pedro.]

[Ana, dentro de la casa. Después, doña Inés.]

Ana [Dentro.]   ¿Quién es?

Tello   ¡Tan presto! Yo soy.
                    ¿Está en casa Melibea?
                      Que viene Calisto aquí.

Ana [Dentro.]   Aguarda un poco, Sempronio.   1005

Tello   ¿Si haré falso testimonio?

(Sale doña Inés.)

Doña Inés [Dentro.]   ¿El mismo?

Ana [Dentro.]   Señora, sí.

[Ábrase la puerta y entren don Alonso y Tello en casa de don Pedro.]

[Sala en casa de don Pedro.]

Doña Inés   ¡Señor mío...!

Don Alonso   Bella Inés,
                    esto es venir a vivir.

Tello   Agora no hay que decir: 1010

«Yo te lo diré después».

Doña Inés	¡Tello amigo!

Tello   ¡Reina mía!

Doña Inés

Nunca, Alonso de mis ojos,
por haberme dado enojos
esta ignorante porfía   1015
   de don Rodrigo, esta tarde,
he estimado que me vieses...
[...]
[...]

Don Alonso

   Aunque fuerza de obediencia   1020
te hiciese tomar estado,
no he de estar desengañado
hasta escuchar la sentencia.
   Bien el alma me decía,
y a Tello se lo contaba   1025
cuando el caballo sacaba
—y el Sol los que aguarda el día—,
   que de alguna novedad
procedía mi tristeza,
viniendo a ver tu belleza,   1030
pues me dices que es verdad.
   ¡Ay de mí si ha sido ansí!

Doña Inés

No lo creas, porque yo
diré a todo el mundo no,
después que te dije sí.   1035
   Tú solo dueño has de ser
de mi libertad y vida;
no hay fuerza que el ser impida,

don Alonso, tu mujer.
Bajaba al jardín ayer,   1040
y como por don Fernando
me voy de Leonor guardando,
a las fuentes, a las flores
estuve diciendo amores,
y estuve también llorando.   1045
   «Flores y aguas —les decía—,
dichosa vida gozáis,
pues, aunque noche pasáis,
veis vuestro Sol cada día.»
Pensé que me respondía   1050
la lengua de una azucena
(¡qué engaños amor ordena!):
«Si el Sol que adorando estás
viene de noche, que es más,
Inés, ¿de qué tienes pena?».   1055

Tello   Así dijo a un ciego un griego
que le contó mil disgustos:
«Pues tiene la noche gustos,
¿para qué te quejas, ciego?»

Doña Inés   Como mariposa llego   1060
a estas horas, deseosa
de tu luz... No mariposa,
fénix ya, pues de una suerte
me da vida y me da muerte
llama tan dulce y hermosa.   1065

Don Alonso   ¡Bien haya el coral, amén,
de cuyas hojas de rosas
palabras tan amorosas
salen a buscar mi bien!

1070

Y advierte que yo también,
cuando con Tello no puedo,
mis celos, mi amor, mi miedo
digo en tu ausencia a las flores.

Tello

Yo le vi decir amores
a los rábanos de Olmedo;   1075
  que un amante suele hablar
con las piedras, con el viento.

Don Alonso

No puede mi pensamiento
ni estar solo, ni callar;
contigo, Inés, ha de estar,   1080
contigo hablar y sentir.
¡Oh, quien supiera decir
lo que te digo en ausencia!
Pero estando en tu presencia
aun se me olvida el vivir.   1085
  Por el camino le cuento
tus gracias a Tello, Inés,
y celebramos después
tu divino entendimiento.
Tal gloria en tu nombre siento,   1090
que una mujer recibí
de tu nombre, porque ansí,
llamándola todo el día,
pienso, Inés, señora mía,
que te estoy llamando a ti.   1095

Tello

  Pues advierte, Inés discreta,
de los dos tan nuevo efeto,
que a él le has hecho discreto,
y a mí me has hecho poeta.
  Oye una glosa a un estribo   1100

que compuso don Alonso,
a manera de responso,
si los hay en muerto vivo.
En el valle a Inés
la dejé riendo: 1105
si la ves, Andrés,
dile cuál me ves
por ella muriendo.

Doña Inés   ¿Don Alonso la compuso?

Tello   Que es buena jurarte puedo   1110
                   para poeta de Olmedo.
                   Escucha.

Don Alonso   Amor lo dispuso.

Tello   Andrés, después que las bellas
                   plantas de Inés goza el valle,
                   tanto florece con ellas,   1115
                   que quiso el cielo trocalle
                   por sus flores sus estrellas.
                   Ya el valle es cielo, después
                   que su primavera es,
                   pues verá el cielo en el suelo   1120
                   quien vio —pues Inés es cielo—
                   en el valle a Inés.
                      Con miedo y respeto estampo
                   el pie donde el suyo huella;
                   que ya Medina del Campo   1125
                   no quiere aurora más bella
                   para florecer su campo.
                   Yo la vi de amor huyendo,
                   cuanto miraba matando,

su mismo desdén venciendo;   1130
y aunque me partí llorando,
la dejé riendo.
   Dile, Andrés, que ya me veo
muerto por volverla a ver...
Aunque, cuando llegues, creo   1135
que no será menester,
que me habrá muerto el deseo.
No tendrás qué hacer después
que a sus manos vengativas
llegues, si una vez la ves,   1140
ni aun es posible que vivas,
si la ves, Andrés.
   Pero si matarte olvida
por no hacer caso de ti,
dile a mi hermosa homicida   1145
que por qué se mata en mí,
pues que sabe que es mi vida.
Dile: «Cruel, no le des
muerte, si vengada estás.
y te ha de pesar después».   1150
Y pues no me has de ver más,
dile cuál me ves.
   Verdad es que se dilata
el morir, pues con mirar
vuelve a dar vida la ingrata,   1155
y así se cansa en matar,
pues da vida a cuantos mata;
pero muriendo o viviendo,
no me pienso arrepentir
de estarla amando y sirviendo;   1160
que no hay bien como vivir
por ella muriendo.

Doña Inés   Si es tuya, notablemente
                   te has alargado en mentir
                   por don Alonso.

Don Alonso   Es decir,   1165
                   que mi amor en versos miente...
                       Pues, señora, ¿qué poesía
                   llegará a significar
                   mi amor?

Doña Inés   ¡Mi padre!

Don Alonso   ¿Ha de entrar?

Doña Inés   Escondeos.

Don Alonso   ¿Dónde?

(Ellos se entran, y sale don Pedro.)

Don Pedro   Inés mía,   1170
                       ¿agora por recoger?
                   ¿Cómo no te has acostado?

Doña Inés   Rezando, señor, he estado,
                   por lo que dijiste ayer,
                       rogando a Dios que me incline   1175
                   a lo que fuere mejor.

Don Pedro   Cuando para ti mi amor
                   imposibles imagine,
                       no pudiera hallar un hombre
                   como don Rodrigo, Inés.   1180

Doña Inés   Ansí dicen todos que es
                             de su buena fama el nombre;
                                 y habiéndome de casar,
                             ninguno en Medina hubiera,
                             ni en Castilla que pudiera   1185
                             sus méritos igualar.

Don Pedro   ¿Cómo habiendo de casarte?

Doña Inés   Señor, hasta ser forzoso
                             decir que ya tengo esposo,
                             no he querido disgustarte.   1190

Don Pedro   ¡Esposo! ¿Qué novedad
                             es ésta, Inés?

Doña Inés   Para ti
                             será novedad, que en mí
                             siempre fue mi voluntad.
                                 Y, ya que estoy declarada,   1195
                             hazme mañana cortar
                             un hábito, para dar
                             fin a esta gala escusada;
                                 que así quiero andar, señor,
                             mientras me enseñan latín.   1200
                             Leonor te queda, que al fin
                             te dará nietos Leonor.
                                 Y por mi madre te ruego
                             que en esto no me repliques,
                             sino que medios apliques,   1205
                             a mi elección y sosiego.
                                 Haz buscar una mujer
                             de buena y santa opinión,
                             que me dé alguna lición

60

de lo que tengo de ser,   1210
    y un maestro de cantar,
que de latín sea también.

Don Pedro   ¿Eres tú quien habla o quién?

Doña Inés   Esto es hacer, no es hablar.

Don Pedro   Por una parte mi pecho   1215
se enternece de escucharte,
Inés, y por otra parte,
de duro mármol le has hecho.
    En tu verde edad mi vida
esperaba sucesión;   1220
pero si esto es vocación
no quiera Dios que lo impida.
    Haz tu gusto, aunque tu celo
en esto no intenta el mío;
que ya sé que el albedrío   1225
no presta obediencia al cielo.
    Pero porque suele ser
nuestro pensamiento humano
tal vez inconstante y vano
—y en condición de mujer,   1230
    que es fácil de persuadir,
tan poca firmeza alcanza,
que hay de mujer a mudanza
lo que de hacer a decir—,
    mudar las galas no es justo,   1235
pues no pueden estorbar
a leer latín o cantar,
ni cuanto fuere tu gusto.
    Viste alegre y cortesana,
que no quiero que Medina,   1240

si hoy te admirare divina,
mañana te burle humana.
   Yo haré buscar la mujer
y quien te enseñe latín,
pues a mejor padre, en fin,   1245
es más justo obedecer.
   Y con esto, a Dios te queda
que, para no darte enojos,
van a esconderse mis ojos
adonde llorarte pueda.   1250

(Vase, y salgan don Alonso y Tello.)

Doña Inés   Pésame de haberle dado
disgusto.

Don Alonso   A mí no me pesa,
por el que me ha dado el ver
que nuestra muerte conciertas.
¡Ay Inés! ¿Adónde hallaste   1255
en tal desdicha, en tal pena,
tan breve remedio?

Doña Inés   Amor
en los peligros enseña
una luz por donde el alma
posibles remedios vea.   1260

Don Alonso   Éste ¿es remedio posible?

Doña Inés   Como yo agora le tenga
para que este don Rodrigo
no llegue al fin que desea,
bien sabes que breves males   1265

la dilación los remedia;
que no dejan esperanza,
si no hay segunda sentencia.

Tello   Dice bien, señor; que en tanto
que doña Inés cante y lea,   1270
podéis dar orden los dos
para que os valga la Iglesia.
Sin esto, desconfiado
don Rodrigo, no hará fuerza
a don Pedro en la palabra   1275
pues no tendrá por ofensa
que le deje doña Inés
por quien dice que le deja.
También es linda ocasión
para que yo vaya y venga   1280
con libertad a esta casa.

Don Alonso ¡Libertad! ¿De qué manera?

Tello   Pues ha de leer latín,
¿no será fácil que pueda
ser yo quien venga a enseñarla?   1285
¡Y verás con qué destreza
le enseño a leer tus cartas!

Don Alonso ¡Qué bien mi remedio piensas!

Tello   Y aun pienso que podrá Fabia
servirte en forma de dueña,   1290
siendo la santa mujer
que con su falsa apariencia
venga a enseñarla.

Doña Inés   Bien dices,
                    Fabia será mi maestra
                    de virtudes y costumbres.   1295

Tello   ¡Y qué tales serán ellas!

Don Alonso   Mi bien, yo temo que el día
                    —que es amor dulce materia
                    para no sentir las horas,
                    que por los amantes vuelan—   1300
                    nos halle tan descuidados,
                    que al salir de aquí me vean,
                    o que sea fuerza quedarme.
                    ¡Ay, Dios! ¡Qué dichosa fuerza!
                    Medina a la Cruz de Mayo   1305
                    hace sus mayores fiestas:
                    yo tengo que prevenir
                    que, como sabes, se acercan;
                    que, fuera de que en la plaza
                    quiero que galán me veas,   1310
                    de Valladolid me escriben
                    que el rey don Juan viene a verlas;
                    que en los montes de Toledo
                    le pide que se entretenga
                    el Condestable estos días,   1315
                    porque en ellos convalezca,
                    y de camino, señora,
                    que honre esta villa le ruega;
                    y así, es razón que le sirva
                    la nobleza desta tierra.   1320
                    Guárdete el cielo, mi bien.

Doña Inés   Espera, que a abrir la puerta
                    es forzoso que yo vaya.

| Don Alonso | ¡Ay luz! ¡Ay aurora necia, |
| | de todo amante envidiosa! 1325 |

| Tello | Ya no aguardéis que amanezca. |

| Don Alonso | ¿Cómo? |

| Tello | Porque es de día. |

Don Alonso	Bien dices, si a Inés me muestras.
	Pero, ¿cómo puede ser,
	Tello, cuando el Sol se acuesta? 1330

| Tello | Tú vas despacio, él aprisa; |
| | apostaré que te quedas. |

[Vanse.]

(Salen don Rodrigo y don Fernando.)

Don Rodrigo   Muchas veces había reparado,
don Fernando, en aqueste caballero,
del corazón solícito avisado   1335
   El talle, el grave rostro, lo severo,
celoso me obligaban a miralle.

Don Fernando   Efetos son de amante verdadero,
   que, en viendo otra persona de buen talle,
tiene temor que si le ve su dama   1340
será posible o fuerza codicialle.

Don Rodrigo   Bien es verdad que él tiene tanta fama,
que, por más que en Medina se encubría,

el mismo aplauso popular le aclama.
    Vi, como os dije, aquel mancebo, un día   1345
que la capa perdida en la pendencia,
contra el valor de mi opinión, traía.
    Hice secretamente diligencia,
después de hablarle, y satisfecho quedo,
que tiene esta amistad correspondencia.   1350
    Su dueño es don Alonso, aquel de Olmedo,
alanceador galán y cortesano,
de quien hombres y toros tienen miedo.
    Pues si éste sirve a Inés, ¿qué intento en vano?
O ¿cómo quiero yo, si ya le adora,   1355
que Inés me mire con semblante humano?

Don Fernando	¿Por fuerza ha de quererle?

Don Rodrigo	Él la enamora,

y merece, Fernando, que le quiera.
¿Qué he de pensar, si me aborrece agora?

Don Fernando	Son celos, don Rodrigo, una quimera 1360

que se forma de envidia, viento y sombra,
con que lo incierto imaginado altera;
    una fantasma que de noche asombra,
un pensamiento que a locura inclina,
y una mentira que verdad se nombra.   1365

Don Rodrigo	Pues ¿cómo tantas veces a Medina

viene y va don Alonso? Y ¿a qué efeto
es cédula de noche en una esquina?
    Yo me quiero casar; vos sois discreto:
¿qué consejo me dais, si no es matalle?   1370

Don Fernando	Yo hago diferente mi conceto;

que ¿cómo puede doña Inés amalle,
si nunca os quiso a vos?

Don Rodrigo   Porque es respuesta
que tiene mayor dicha o mejor talle.

Don Fernando   Mas porque doña Inés es tan honesta,   1375
que aun la ofendéis con nombre de marido.

Don Rodrigo   Yo he de matar a quien vivir me cuesta
en su desgracia, porque tanto olvido
no puede proceder de honesto intento.
    Perdí la capa y perderé el sentido.   1380

Don Fernando   Antes dejarla a don Alonso siento
que ha sido como echársela en los ojos.
    Ejecutad, Rodrigo, el casamiento;
llévese don Alonso los despojos,
y la vitoria vos.

Don Rodrigo   Mortal desmayo   1385
cubre mi amor de celos y de enojos.

Don Fernando   Salid galán para la Cruz de Mayo,
que yo saldré con vos; pues el rey viene,
las sillas piden el castaño y bayo.
    Menos aflige el mal que se entretiene.   1390

Don Rodrigo   Si viene don Alonso, ya Medina
¿qué competencia con Olmedo tiene?

Don Fernando   ¡Qué loco estáis!

Don Rodrigo   Amor me desatina.

(Vanse.)

[Sala en casa de don Pedro.]

(Salen don Pedro, doña Inés y doña Leonor.)

Don Pedro   No porfíes.

Doña Inés   No podrás
mi propósito vencer.   1395

Don Pedro   Hija, ¿qué quieres hacer,
que tal veneno me das?
    Tiempo te queda...

Doña Inés   Señor,
¿qué importa el hábito pardo,
si para siempre le aguardo?   1400

Doña Leonor   Necia estás.

Doña Inés   Calla Leonor.

Doña Leonor   Por lo menos estas fiestas
has de ver con galas.

Doña Inés   Mira
que quien por otras suspira
ya no tiene el gusto en éstas.   1405
    Galas celestiales son
las que ya mi vida espera.

Don Pedro   ¿No basta que yo lo quiera?

| Doña Inés | Obedecerte es razón. |

(Sale Fabia, con un rosario, báculo y antojos.)

| Fabia | Paz sea en aquesta casa. | 1410 |

| Don Pedro | Y venga con vos. |

| Fabia | ¿Quién es |

la señora doña Inés,
que con el Señor se casa?
  ¿Quién es aquella que ya
tiene su esposo elegida,   1415
y como prenda querida
estos impulsos le da?

| Don Pedro | Madre honrada, esta que veis, |

y yo su padre.

| Fabia | Que sea |

muchos años, y ella vea   1420
el dueño que vos no veis.
  Aunque en el Señor espero
que os ha de obligar piadoso
a que acetéis tal esposo,
que es muy noble caballero.   1425

| Don Pedro | Y ¡cómo, madre, si lo es! |

| Fabia | Sabiendo que anda a buscar |

quien venga a morigerar
los verdes años de Inés,
  quien la guíe, quien la muestre   1430

las sémitas del Señor,
y al camino del amor
como a principianta adiestre,
  hice oración, en verdad,
y tal impulso me dio,   1435
que vengo a ofrecerme yo
para esta necesidad,
  aunque soy gran pecadora.

Don Pedro   Ésta es la mujer, Inés,
que has menester.

Doña Inés   Ésta es   1440
la que he menester agora.
  Madre, abrázame.

Fabia   Quedito,
que el silicio me hace mal.

Don Pedro   No he visto humildad igual.

Doña Leonor   En el rostro trae escrito   1445
  lo que tiene el corazón.

Fabia   ¡Oh, qué gracia! ¡Oh, qué belleza!
Alcance tu gentileza
mi deseo y bendición.
  ¿Tienes oratorio?

Doña Inés   Madre,   1450
comienzo a ser buena agora.

Fabia   Como yo soy pecadora,
estoy temiendo a tu padre.

Don Pedro   No le pienso yo estorbar
               tan divina vocación.   1455

Fabia   En vano, infernal dragón,
               la pensabas devorar.
                 No ha de casarse en Medina:
               monasterio tiene Olmedo;
               Domine, si tanto puedo,   1460
               ad iuvandum me festina.

Don Pedro   Un ángel es la mujer.

(Sale Tello, de gorrón.)

Tello [Dentro.]   Si con sus hijas está,
                  yo sé que agradecerá
                  que yo me venga a ofrecer.   1465

[Sale.]

                 El maestro que buscáis
               está aquí, señor don Pedro,
               para latín y otras cosas,
               que dirá después su efeto.
               Que buscáis un estudiante   1470
               en la iglesia me dijeron,
               porque ya desta señora
               se sabe el honesto intento.
               Aquí he venido a serviros,
               puesto que soy forastero,   1475
               si valgo para enseñarla.

Don Pedro   Ya creo y tengo por cierto,

viendo que todo se junta,
que fue voluntad del cielo.
En casa puede quedarse   1480
la madre, y este mancebo
venir a darte lición.
Concertadlo, mientras vuelvo.
¿De dónde es, galán?

Tello   Señor, soy calahorreño.   1485

Don Pedro   ¿Su nombre?

Tello   Martín Peláez.

Don Pedro   Del Cid debe de ser deudo.
                 ¿Dónde estudió?

Tello   En La Coruña,
                 y soy por ella maestro.

Don Pedro   ¿Ordenóse?

Tello   Sí Señor,   1490
                 de vísperas.

Don Pedro   Luego vengo.

[Vase.]

[Doña Inés, doña Leonor, Fabia y Tello.]

Tello   ¿Eres Fabia?

Fabia   ¿No lo ves?

Doña Leonor   ¿Y tú, Tello?

Doña Inés   ¡Amigo Tello!

Doña Leonor   ¿Hay mayor bellaquería?

Doña Inés   ¿Qué hay de don Alonso?

Tello   ¿Puedo   1495
                  fiar de Leonor?

Doña Inés   Bien puedes.

Doña Leonor   Agraviara Inés mi pecho
                  y mi amor, si me tuviera
                  su pensamiento encubierto.

Tello   Señora, para servirte,   1500
                  está don Alonso bueno
                  para las fiestas de mayo,
                  tan cerca ya, previniendo
                  galas, caballos, jaeces,
                  lanza y rejones; que pienso   1505
                  que ya le tiemblan los toros.
                  Una adarga habemos hecho,
                  si se conciertan las cañas,
                  como de mi raro ingenio.
                  Allá la verás, en fin.   1510

Doña Inés   ¿No me ha escrito?

Tello   Soy un necio.
                  Ésta, señora, es la carta.

Doña Inés   Bésola de porte y leo.

(Don Pedro vuelve.)

Don Pedro [Dentro.]   Pues pon el coche, si está
                                 malo el alazán.

[Sale.]

                                                      ¿Qué es esto?   1515

Tello
[Aparte a doña Inés.]   Tu padre. Haz que lees, y yo
                                 haré que latín te enseño.
                                 Dominus...

Doña Inés   Dominus...

Tello   Diga.

Doña Inés   ¿Cómo más?

Tello   Dominus meus.

Doña Inés   Dominus meus.

Tello   Ansí,   1520
                                 poco a poco irá leyendo.

Don Pedro   ¿Tan presto tomas lición?

Doña Inés   Tengo notable deseo.

Don Pedro	Basta; que a decir, Inés,
	me envía el Ayuntamiento	1525
	que salga a las fiestas yo.

| Doña Inés | Muy discretamente han hecho, |
| | pues viene a las fiestas el Rey. |

| Don Pedro | Pues sea, con un concierto: |
| | que has de verlas con Leonor. | 1530 |

| Doña Inés | Madre, dígame si puedo |
| | verlas sin pecar. |

Fabia	Pues ¿no?
	No escrupulices en eso,
	como algunos, tan mirlados,
	que piensan, de circunspectos,	1535
	que en todo ofenden a Dios,
	y olvidados de que fueron
	hijos de otros, como todos,
	cualquiera entretenimiento
	que los trabajos olvide	1540
	tienen por notable exceso.
	Y aunque es justo moderarlos,
	doy licencia, por lo menos
	para estas fiestas, por ser
	iugatoribus paternus.	1545

Don Pedro	Pues vamos, que quiero dar
	dineros a tu maestro,
	y a la madre para un manto.

| Fabia | A todos cubra el del cielo. |
| | Y vos, Leonor, ¿no seréis | 1550 |

como vuestra hermana presto?

Doña Leonor   Sí, madre, porque es muy justo
                   que tome tan santo ejemplo.

[Vanse.]

[Sala en la casa que ocupa el rey en Olmedo.]

(Sale el rey don Juan, con acompañamiento, y el condestable.)

Rey [Al condestable.] No me traigáis al partir
                       negocios que despachar.   1555

Condestable   Contienen solo firmar;
                       no has de ocuparte en oír.

Rey   Decid con mucha presteza.

Condestable   ¿Han de entrar?

Rey   Ahora no.

Condestable   Su Santidad concedió   1560
                       lo que pidió Vuestra Alteza
                       por Alcántara, señor.

Rey   Que mudase le pedí
                       el hábito, porque ansí
                       pienso que estará mejor   1565

Condestable   Era aquel traje muy feo.
                       Cruz verde pueden traer.
                       Mucho debo agradecer

al Pontífice el deseo
   que de nuestro aumento muestra,   1570
con qué irán siempre adelante
estas cosas del Infante
en cuanto es de parte nuestra.

Condestable   Éstas son dos provisiones,
y entrambas notables son.   1575

Rey   ¿Qué contienen?

Condestable   La razón
de diferencia que pones
   entre los moros y hebreos
que en Castilla han de vivir.

Rey   Quiero con esto cumplir,   1580
Condestable, los deseos
   de fray Vicente Ferrer,
que lo ha deseado tanto.

Condestable   Es un hombre docto y santo.

Rey   Resolví con él ayer   1585
   que en cualquiera reino mío
donde mezclados están,
a manera de gabán
traiga un tabardo el judío
   con una señal en él,   1590
y un verde capuz el moro.
Tenga el cristiano el decoro
que es justo: apártese dél;
   que con esto tendrán miedo
los que su nobleza infaman.   1595

Condestable   A don Alonso, que llaman
                   «el Caballero de Olmedo»
                      hace Vuestra Alteza aquí
                   merced de un hábito.

Rey   Es hombre
                   de notable fama y nombre.   1600
                   En esta villa le vi
                      cuando se casó mi hermana.

Condestable   Pues pienso que determina,
                   por servirte, ir a Medina
                   a las fiestas de mañana.   1605

Rey   Decidle que fama emprenda
                   en el arte militar,
                   porque yo le pienso honrar
                   con la primera encomienda.

(Vanse.)

[Sale en casa de don Alonso en Olmedo.]

(Sale don Alonso.)

Don Alonso   ¡Ay, riguroso estado,   1610
                   ausencia mi enemiga,
                   que dividiendo el alma
                   puedes dejar la vida!
                   ¡Cuán bien por tus efetos
                   te llaman muerte viva,   1615
                   pues das vida al deseo
                   y matas a la vista!
                   ¡Oh, cuán piadosa fueras,

si al partir de Medina
la vida me quitaras   1620
como el alma me quitas!
En ti, Medina, vive
aquella Inés divina,
que es honra de la corte
y gloria de la villa.   1625
Sus alabanzas cantan
las aguas fugitivas,
las aves, que la escuchan
las flores, que la imitan.
Es tan bella que tiene   1630
envidia de sí misma,
pudiendo estar segura
que el mismo Sol la envidia;
pues no la ve más bella,
por su dorada cinta,   1635
ni cuando viene a España
ni cuando va a las Indias.
Yo merecí quererla.
¡Dichosa mi osadía,
que es merecer sus penas   1640
calificar mis dichas!
Cuando pudiera verla,
adorarla y servirla,
la fuerza del secreto
de tanto bien me priva.   1645
Cuando mi amor no fuera
de fe tan pura y limpia,
las perlas de sus ojos
mi muerte solicitan.
Llorando por mi ausencia   1650
Inés quedó aquel día,
que sus lágrimas fueron

de sus palabras firma.
Bien sabe aquella noche
que pudiera ser mía.   1655
Cobarde amor, ¿qué aguardas,
cuando respetos miras?
¡Ay, Dios, qué gran desdicha,
partir el alma y dividir la vida!

(Sale Tello.)

Tello   ¿Merezco ser bien llegado?   1660

Don Alonso   No sé si diga que sí,
                 que me has tenido sin mí
                 con lo mucho que has tardado.

Tello   Si por tu remedio ha sido,
                 ¿en qué me puedes culpar?   1665

Don Alonso   ¿Quién me puede remediar,
                 si no es, a quién yo le pido?
                    ¿No me escribe Inés?

Tello   Aquí
                 te traigo cartas de Inés.

Don Alonso   Pues hablarásme después   1670
                 en lo que has hecho por mí.

(Lea.)   «Señor mío, después que os partistes no he vivido; que
                 sois tan cruel, que aun no me dejáis vida cuando os
                 vais.»

Tello   ¿No lees más?

Don Alonso			No.

Tello				¿Por qué?

Don Alonso		Porque manjar tan suave
			de una vez no se me acabe.
			Hablemos de Inés.

Tello					Llegué			1675
			con media sotana y guantes,
			que parecía de aquellos
			que hacen en solos los cuellos
			ostentación de estudiantes.
				Encajé salutación,			1680
			verbosa filatería,
			dando a la bachillería
			dos piensos de discreción;
				y, volviendo el rostro, vi
			a Fabia...

Don Alonso				Espera, que leo			1685
			otro poco; que el deseo
			me tiene fuera de mí.

(Lea.)			«Todo lo que me dejaste ordenado se hizo; solo no
			se hizo que viviese yo sin vos, porque no lo dejasteis
			ordenado.»

Tello			¿Es aquí contemplación?

Don Alonso		Dime cómo hizo Fabia
			lo que dice Inés.

Tello   Tan sabia.   1690
                        y con tanta discreción,
                           melindre y hipocresía,
                        que me dieron que temer
                        algunos que suelo ver
                        cabizbajos todo el día.   1695
                           De hoy más quedaré advertido
                        de lo que se ha de creer
                        de una hipócrita mujer
                        y un ermitaño fingido.
                           Pues si me vieras a mí   1700
                        con el semblante mirlado,
                        dijeras que era traslado
                        de un reverendo alfaquí.
                           Creyóme el viejo, aunque en él
                        se ve de un Catón retrato.   1705

Don Alonso   Espera, que ha mucho rato
                        que no he mirado el papel.

(Lea.)   «Daos prisa a venir, para que sepáis cómo quedo
                        cuando os partís y cómo estoy cuando volvéis.»

Tello   ¿Hay otra estación aquí?

Don Alonso   En fin, tú hallaste lugar
                        para entrar y para hablar.   1710

Tello   Estudiaba Inés en ti;
                           que eras el latín, señor,
                        y la lición que aprendía.

Don Alonso   Leonor, ¿qué hacía?

Tello	Tenía
	envidia de tanto amor,	1715
	porque se daba a entender
	que de ser amado eres
	digno: que muchas mujeres
	quieren porque ven querer;
	que en siendo un hombre querido	1720
	de alguna con grande afecto,
	piensan que hay algún secreto
	en aquel hombre escondido;
	y engáñanse, porque son
	correspondencias de estrellas.	1725

Don Alonso   Perdonadme, manos bellas,
que leo el postrer renglón.

(Lea.)   «Dicen que viene el Rey a Medina, y dicen verdad,
pues habéis de venir vos, que sois rey mío.»

    Acabóseme el papel.

Tello   Todo en el mundo se acaba.

Don Alonso   Poco dura el bien.

Tello   En fin,   1730
le has leído por jornadas.

Don Alonso   Espera, que aquí a la margen
vienen dos o tres palabras.

(Lea.)   «Poneos esa banda al cuello.
¡Ay, si yo fuera la banda!»   1735

Tello   ¡Bien dicho, por Dios, y entrar

con doña Inés en la plaza!

Don Alonso   ¿Dónde esta la banda, Tello?

Tello   A mí no me han dado nada.

Don Alonso   ¿Cómo no?

Tello   Pues, ¿qué me has dado?   1740

Don Alonso   Ya te entiendo: luego saca
a tu elección un vestido.

Tello   Ésta es la banda.

Don Alonso   Estremada.

Tello   Tales manos la bordaron.

Don Alonso   Demos orden que me parta.   1745
Pero ¡ay, Tello!

Tello   ¿Qué tenemos?

Don Alonso   De decirte me olvidaba
unos sueños que he tenido.

Tello   ¿Agora en sueños reparas?

Don Alonso   No los creo, claro está,   1750
pero dan pena.

Tello   Eso basta.

Don Alonso   No falta quien llama a algunos
                revelaciones del alma.

Tello   ¿Qué te puede suceder
                en una cosa tan llana   1755
                como quererte casar?

Don Alonso   Hoy, Tello, al salir el alba,
                con la inquietud de la noche,
                me levanté de la cama,
                abrí la ventana aprisa,   1760
                y, mirando flores y aguas
                que adornan nuestro jardín,
                sobre una verde retama
                veo ponerse un jilguero,
                cuyas esmaltadas alas   1765
                con lo amarillo añadían
                flores a las verdes ramas.
                Y estando al aire trinando
                de la pequeña garganta
                con naturales pasajes   1770
                las quejas enamoradas,
                sale un azor de un almendro,
                adonde escondido estaba,
                y como eran en los dos
                tan desiguales las armas,   1775
                tiñó de sangre las flores,
                plumas al aire derrama.
                Al triste chillido, Tello,
                débiles ecos del aura
                respondieron, y, no lejos,   1780
                lamentando su desgracia,
                su esposa, que en un jazmín
                la tragedia viendo estaba.

Yo, midiendo con los sueños
estos avisos del alma,   1785
apenas puedo alentarme;
que con saber que son falsas
todas estas cosas, tengo
tan perdida la esperanza,
que no me aliento a vivir.   1790

Don Alonso   Mal a doña Inés le pagas
aquella heroica firmeza
con que atrevida contrasta
los golpes de la fortuna.
Ven a Medina y no hagas   1795
caso de sueños ni agüeros,
cosas a la fe contrarias.
Lleva el ánimo que sueles,
caballos, lanzas y galas,
mata de envidia los hombres,   1800
mata de amores las damas.
Doña Inés ha de ser tuya,
a pesar de cuantos tratan
dividiros a los dos.

Don Alonso   Bien dices, Inés me aguarda: 1805
vamos a Medina alegres.
Las penas anticipadas
dicen que matan dos veces,
y a mí sola Inés me mata,
no como pena, que es gloria.   1810

Don Alonso   Tú me verás en la plaza
hincar de rodillas toros
delante de sus ventanas.

Fin de la segunda jornada

Jornada tercera

(Don Fernando, doña Leonor, don Rodrigo, criado Mendo, don Pedro, una sombra, don Alonso, un labrador, el rey, Fabia, el condestable, Tello, doña Inés. [Entrada o paso a la plaza de Medina del Campo, atajada y dispuesta para una corrida de toros.])

(Suenen atabales y entren con lacayos y rejones don Rodrigo y don Fernando.)

Don Rodrigo   Poca dicha.

Don Fernando   Malas suertes.

Don Rodrigo   ¡Qué pesar!

Don Fernando   ¡Qué se ha de hacer!   1815

Don Rodrigo   Brazo, ya no puede ser
que en servir a Inés aciertes.

Don Fernando   Corrido estoy.

Don Rodrigo   Yo, turbado.

Don Fernando   Volvamos a porfiar.

Don Rodrigo   Es imposible acertar   1820
un hombre tan desdichado.
  Para el de Olmedo, en efeto,
guardó suertes la fortuna.

Don Fernando   No ha errado el hombre ninguna.

Don Rodrigo   Que la ha de errar os prometo.   1825

| Don Fernando | Un hombre favorecido, |
| | Rodrigo, todo lo acierta. |

Don Rodrigo	Abrióle el amor la puerta,
	y a mí, Fernando, el olvido.
	Fuera desto, un forastero	1830
	luego se lleva los ojos.

Don Fernando	Vos tenéis justos enojos.
	Él es galán caballero,
	mas no para escurecer
	los hombres que hay en Medina.	1835

Don Rodrigo	La patria me desatina;
	mucho parece mujer
	en que lo propio desprecia
	y de lo ajeno se agrada.

| Don Fernando | De siempre ingrata culpada: | 1840 |
| | son ejemplos Roma y Grecia. |

(Dentro, ruido de pretales y voces.)

| Hombre 1 [Dentro.] | ¡Brava suerte! |

| Hombre 2 | ¡Con qué gala |
| | quebró el rejón! |

| Don Fernando | ¿Qué aguardamos? |
| | Tomemos caballos. |

| Don Rodrigo | Vamos |

Hombre 1 [Dentro.]   Nadie en el mundo le iguala.   1845

Don Fernando   ¿Oyes esa voz?

Don Rodrigo   No puedo
sufrirlo.

Don Fernando   Aún no lo encareces.

Hombre 2 [Dentro.]   ¡Vítor setecientas veces
el Caballero de Olmedo!

Don Rodrigo   ¿Qué suerte quieres que aguarde,   1850
Fernando, con estas voces?

Don Fernando   Es vulgo, ¿no le conoces?

Hombre 1 [Dentro.]   Dios te guarde, Dios te guarde.

Don Rodrigo   ¿Qué más dijeran al Rey?
Mas bien hacen: digan, rueguen   1855
que hasta el fin sus dichas lleguen.

Don Fernando   Fue siempre bárbara ley
seguir aplauso vulgar
las novedades.

Don Rodrigo   Él viene
a mudar caballo.

Don Fernando   Hoy tiene   1860
la fortuna en su lugar.

(Salen Tello, con rejón y librea, y don Alonso.)

Tello	¡Valientes suertes, por Dios!

| Don Alonso | Dame, Tello, el alazán. |

| Tello | Todos el lauro nos dan. |

| Don Alonso | ¿A los dos, Tello? |

Tello   A los dos;   1865
   que tú a caballo, y yo a pie,
nos habemos igualado.

Don Alonso   ¡Qué bravo, Tello, has andado!

Tello   Seis toros desjarreté,
   como si sus piernas fueran   1870
rábanos de mi lugar.

Don Fernando   Volvamos, Rodrigo, a entrar,
que por dicha nos esperan,
   aunque os parece que no.

Don Rodrigo   A vos, don Fernando, sí;   1875
a mí no, si no es que a mí
me esperan para que yo
   haga suertes que me afrenten,
o que algún toro me mate,
o me arrastre o me maltrate   1880
donde con risa lo cuenten.

(Vanse los dos.)

Tello

[Aparte a su amo.]   Aquéllos te están mirando.

Don Alonso   Ya los he visto envidiosos
de mis dichas, y aun celosos
de mirarme a Inés mirando   1885

[Don Alonso y Tello.]

Tello   ¡Bravos favores te ha hecho
con la risa!: que la risa
es lengua muda que avisa
de lo que pasa en el pecho.
    No pasabas vez ninguna,   1890
que arrojar no se quería
del balcón.

Don Alonso   ¡Ay, Inés mía!
¡Si quisiese la fortuna
que a mis padres les llevase
tal prenda de sucesión!   1895

Tello   Sí harás, como la ocasión
deste don Rodrigo pase;
    porque satisfecho estoy
de que Inés por ti se abrasa.

Don Alonso   Fabia se ha quedado en casa;   1900
mientras una vuelta doy
    a la plaza, ve corriendo
y di que esté prevenida
Inés, porque en mi partida
la pueda hablar, advirtiendo   1905
    que, si esta noche no fuese
a Olmedo, me han de contar

mis padres por muerto, y dar
ocasión, si no los viese,
 a esta pena, no es razón;   1910
tengan buen sueño, que es justo.

Tello   Bien dices: duerman con gusto,
pues es forzosa ocasión
 de temer y de esperar.

Don Alonso   Yo entro.

Tello   Guárdete el cielo.   1915

(Vase don Alonso.)

[Tello.]

Tello   Pues puedo hablar sin recelo,
a Fabia quiero llegar.
 Traigo cierto pensamiento
para coger la cadena
a esta vieja, aunque con pena   1920
de su astuto entendimiento.
 No supo Circe, Medea,
ni Hécate, lo que ella sabe;
tendrá en el alma una llave
que de treinta vueltas sea.   1925
 Mas no hay maestra mejor
que decirle que la quiero,
que es el remedio primero
para una mujer mayor;
 que con dos razones tiernas   1930
de amores y voluntad,
presumen de mocedad

y piensan que son eternas.

[Vase.]

[Calle y vista exterior de la casa de don Pedro.]

[Tello, y después Fabia.]

Tello
Acabóse. Llego, llamo.
Fabia... Pero soy un necio;   1935
que sabrá que el oro precio
y que los años desamo,
    porque se lo ha de decir
el de las patas de gallo.

(Sale Fabia [de casa de don Pedro.])

Fabia
¡Jesús, Tello! ¿Aquí te hallo?   1940
¡Qué buen modo de servir
    a don Alonso! ¿Qué es esto?
¿Qué ha sucedido?

Tello
No alteres
lo venerable, pues eres
causa de venir tan presto;   1945
    que por verte anticipé
de don Alonso un recado.

Fabia
¿Cómo ha andado?

Tello
Bien ha andado,
porque yo le acompañé.

Fabia
¡Estremado fanfarrón!   1950

Tello   Pregúntalo al Rey, verás
                            cuál de los dos hizo más;
                            que se echaba del balcón
                               cada vez que yo pasaba.

Fabia   ¡Bravo favor!

Tello   Más quisiera   1955
                            los tuyos.

Fabia   ¡Oh, quién te viera!

Tello   Esa hermosura bastaba
                               para que yo fuera Orlando.
                            ¿Toros de Medina a mí?
                            ¡Vive el cielo!, que les di   1960
                            reveses, desjarretando,
                               de tal aire, de tal casta,
                            en medio del regocijo,
                            que hubo toro que me dijo:
                               «Basta, señor Tello, basta».   1965
                            «No basta», le dije yo,
                            y eché de un tajo volado
                            una pierna en un tejado.

Fabia   Y, ¿cuántas tejas quebró?

Tello   Eso al dueño, que no a mí.   1970
                            Dile, Fabia, a tu señora,
                            que ese mozo que la adora
                            vendrá a despedirse aquí;
                               que es fuerza volverse a casa,
                            porque no piensen que es muerto   1975

sus padres. Esto te advierto.
Y porque la fiesta pasa
    sin mí, y el Rey me ha de echar
menos —que en efeto soy
su toricida—, me voy   1980
a dar materia al lugar
    de vítores y de aplauso,
si me das algún favor.

Fabia   ¿Yo favor?

Tello   Paga mi amor.

Fabia   ¿Que yo tus hazañas causo?   1985
                   Basta, que no lo sabía.
               ¿Qué te agrada más?

Tello   Tus ojos.

Fabia   Pues daréte sus antojos.

Tello   Por caballo, Fabia mía,
                   quedo confirmado ya.   1990

Fabia   Propio favor de lacayo.

Tello   Más castaño soy que bayo.

Fabia   Mira cómo andas allá,
                   que esto de ne nos inducas
               suelen causar los refrescos: 1995
               no te quite los greguescos
               algún mozo de San Lucas
                   que será notable risa,

Tello, que, donde lo vea
todo el mundo, un toro sea
sumiller de tu camisa.   2000

Tello   Lo atacado y el cuidado
volverán por mi decoro.

Fabia   Para un desgarro de un toro,
¿qué importa estar atacado?   2005

Tello   Que no tengo a toros miedo.

Fabia   Los de Medina hacen riza,
porque tienen ojeriza
con los lacayos de Olmedo.

Tello   Como ésos ha derribado,   2010
Fabia, este brazo español.

Fabia   ¡Más que te ha de dar el Sol
adonde nunca te ha dado!

[Paso a la plaza de Olmedo.]

(Ruido de plaza y grita, y digan dentro:)

Hombre 1   Cayó don Rodrigo.

Don Alonso   ¡Afuera!

Hombre 2   ¡Qué gallardo, qué animoso   2015
don Alonso le socorre!

Hombre 1   Ya se apea don Alonso.

Hombre 2   ¡Qué valientes cuchilladas!

Hombre 1   Hizo pedazos el toro.

(Salgan los dos, y don Alonso teniéndole.)

Don Alonso   tengo yo caballo;   2024
                    que los nuestros van furiosos
                    discurriendo por la plaza.
                    Ánimo.

Don Rodrigo   Con vos le cobro.
                    La caída ha sido grande.

Don Alonso   Pues no será bien que al coso   2025
                    volváis; aquí habrá criados
                    que os sirvan, porque yo torno
                    a la plaza. Perdonadme,
                    porque cobrar es forzoso
                    el caballo que dejé.   2030

(Vase, y sale don Fernando.)

Don Fernando   ¿Qué es esto? ¡Rodrigo, y solo!
                    ¿Cómo estáis?

Don Rodrigo   Mala caída,
                    mal suceso, malo todo;
                    pero más deber la vida
                    a quien me tiene celoso   2035
                    y a quien la muerte deseo.

Don Fernando   ¡Que sucediese a los ojos

del Rey y que viese Inés
que aquel su galán dichoso
hiciese el toro pedazos   2040
por libraros!

Don Rodrigo   Estoy loco.
No hay hombre tan desdichado,
Fernando, de polo a polo.
¡Qué de afrentas, qué de penas,
qué de agravios, qué de enojos,   2045
qué de injurias, qué de celos,
qué de agüeros, qué de asombros.
Alcé los ojos a ver
a Inés, por ver si piadoso
mostraba el semblante entonces   2050
que como un gran necio adoro;
y veo que no pudiera
mirar Nerón riguroso
desde la torre Tarpeya
de Roma el incendio, como   2055
desde el balcón me miraba;
y que luego, en vergonzoso
clavel de púrpura fina
bañado el jazmín del rostro,
a don Alonso miraba,   2060
y que por los labios rojos
pagaba en perlas el gusto
de ver que a sus pies me postro,
de la fortuna arrojado
—y de la suya envidioso—.   2065
Mas ¡vive Dios que la risa,
primero que la de Apolo
alegre el Oriente y bañe
el aire de átomos de oro,

se le ha de trocar en llanto,   2070
si hallo al hidalguillo loco
entre Medina y Olmedo!

Don Fernando   El sabrá ponerse en cobro.

Don Rodrigo   Mal conocéis a los celos.

Don Fernando   ¿Quién sabe que no son monstruos?   2075
Mas lo que ha de importar mucho
no se ha de pensar tan poco.

[Vanse.]

(Salen el rey, el condestable y criados.)

Rey   Tarde acabaron las fiestas;
pero ellas han sido tales,
que no las he visto iguales.   2080

Condestable   Dije a Medina que aprestas
para mañana partir;
mas tiene tanto deseo
de que veas el torneo
con que te quiere servir,   2085
que me ha pedido, Señor,
que dos días se detenga
Vuestra Alteza.

Rey   Cuando venga,
pienso que será mejor.

Condestable   Haga este gusto a Medina   2090
Vuestra Alteza.

Rey   Por vos sea,
                        aunque el Infante desea
                        —con tanta prisa camina—
                        estas vistas de Toledo
                        para el día concertado.   2095

Condestable   Galán y bizarro ha estado
                        el Caballero de Olmedo.

Rey   ¡Buenas suertes, condestable!

Condestable   No sé en él cuál es mayor,
                        la ventura o el valor,   2100
                        aunque es el valor notable.

Rey   Cualquiera cosa hace bien.

Condestable   Con razón le favorece
                        Vuestra Alteza.

Rey   Él lo merece
                        y que vos le honréis también.   2105

(Vanse.)

[Calle y vista exterior de la casa de don Pedro.]

(Salen don Alonso y Tello, de noche.)

Tello   Mucho habemos esperado,
                        ya no puedes caminar.

Don Alonso   Deseo, Tello, escusar

a mis padres el cuidado:
a cualquier hora es forzoso   2110
partirme.

Tello   Si hablas a Inés,
¿qué importa, señor, que estés
de tus padres cuidadoso?
Porque os ha de hallar el día
en esas rejas.

Don Alonso   No hará,   2115
que el alma me avisará
como si no fuera mía.

Tello   Parece que hablan en ellas,
y que es, en la voz, Leonor.

Don Alonso   Y lo dice el resplandor   2120
que da el Sol a las estrellas.

(Doña Leonor, en la reja.)

Doña Leonor   ¿Es don Alonso?

Don Alonso   Yo soy.

Doña Leonor   Luego mi hermana saldrá,
porque con mi padre está
hablando en las fiestas de hoy.   2125
Tello puede entrar, que quiere
daros un regalo Inés.

[Quítase de la reja.]

| Don Alonso | Entra, Tello. |

| Tello | Si después
cerraren y no saliere,
  bien puedes partir sin mí,   2130
que yo te sabré alcanzar. |

[Ábrase la puerta de casa de don Pedro, entra Tello, y vuelve doña Leonor a
la reja.]

| Don Alonso | ¿Cuándo, Leonor, podré entrar
con tal libertad aquí? |

| Doña Leonor | Pienso que ha de ser muy presto,
porque mi padre de suerte   2135
te encarece, que a quererte
tiene el corazón dispuesto.
  Y porque se case Inés,
en sabiendo vuestro amor,
sabrá escoger lo mejor,   2140
como estimarlo después. |

(Sale doña Inés a la reja.)

| Doña Inés | ¿Con quién hablas? |

| Doña Leonor | Con Rodrigo. |

| Doña Inés | Mientes, que mi dueño es. |

| Don Alonso | Que soy esclavo de Inés
al cielo doy por testigo.   2145 |

| Doña Inés | No sois sino mi señor. |

Doña Leonor   Ahora bien quiéroos dejar,
                que es necedad estorbar,
                sin celos, quien tiene amor.

[Retírase.]

[Doña Inés, en la reja; don Alonso, en la calle.]

Doña Inés   ¿Cómo estáis?

Don Alonso   Como sin vida.   2150
                Por vivir os vengo a ver.

Doña Inés   Bien había menester
                la pena desta partida,
                  para templar el contento
                que hoy he tenido de veros,   2155
                ejemplo de caballeros
                y de las damas tormento.
                  De todas estoy celosa:
                que os alabasen quería,
                y después me arrepentía   2160
                de perderos temerosa.
                  ¡Qué de varios pareceres!
                ¡Qué de títulos y nombres
                os dio la envidia en los hombres,
                y el amor en las mujeres!   2165
                  Mi padre os ha codiciado
                por yerno, para Leonor,
                y agradecióle mi amor,
                aunque celosa, el cuidado;
                  que habéis de ser para mí,   2170
                y así se lo dije yo,

aunque con la lengua no,
pero con el alma sí.
   Mas ¡ay! ¿Cómo estoy contenta
si os partís?

Don Alonso	Mis padres son	2175

la causa.

Doña Inés   Tenéis razón;
mas dejadme que lo sienta.

Don Alonso   Yo lo siento, y voy a Olmedo,
dejando el alma en Medina:
no sé cómo parto y quedo;   2180
amor la ausencia imagina:
los celos, señora, el miedo;
así parto muerto y vivo,
que vida y muerte recibo.
Mas ¿qué te puedo decir?,   2185
cuando estoy para partir,
puesto ya el pie en el estribo?
   Ando, señora, estos días,
entre tantas asperezas
de imaginaciones mías,   2190
consolado en mis tristezas
y triste en mis alegrías;
tengo, pensando perderte,
imaginación tan fuerte,
y así en ella vengo y voy,   2195
que me parece que estoy
con las ansias de la muerte.
   La envidia de mis contrarios
temo tanto, que, aunque puedo
poner medios necesarios,   2200

estoy entre amor y miedo
haciendo discursos varios.
Ya para siempre me privo
de verte, y de suerte vivo,
que, mi muerte presumiendo,   2205
parece que estoy diciendo:
«Señora, aquesta te escribo».
      Tener de tu esposo el nombre
amor y favor ha sido;
pero es justo que me asombre,   2210
que amado y favorecido
tenga tal tristeza un hombre.
Parto a morir, y te escribo
mi muerte, si ausente vivo,
porque tengo, Inés, por cierto   2215
que si vuelvo será muerto,
pues partir no puedo vivo.
      Bien sé que tristeza es;
pero puede tanto en mí,
que me dice, hermosa Inés: 2220
«Si partes muerto de aquí,
¿cómo volverás después?».
Yo parto y parto a la muerte,
aunque morir no es perderte;
que si el alma no se parte,   2225
¿cómo es posible dejarte,
cuanto más, volver a verte?

Doña Inés   Pena me has dado y temor
con tus miedos y recelos;
si tus tristezas son celos,   2230
ingrato ha sido tu amor.
      Bien entiendo tus razones;
pero tú no has entendido

                         mi amor.

Don Alonso   Ni tú, que han sido
              estas imaginaciones   2235
                 solo un ejercicio triste
              del alma, que me atormenta,
              no celos; que fuera afrenta
              del nombre, Inés, que me diste.
                 De sueños y fantasías,   2240
              si bien falsas ilusiones,
              han nacido estas razones,
              que no de sospechas mías.

(Doña Leonor sale a la reja.)

Doña Inés   Leonor vuelve. ¿Hay algo?

Doña Leonor [Dentro.]   Sí.

Don Alonso   ¿Es partirme?

Doña Leonor   Claro está.   2245
              Mi padre se acuesta ya
              y me preguntó por ti.

[A doña Inés.]

Doña Inés   Vete, Alonso, vete. Adiós.
              No te quejes, fuerza es.

Don Alonso   ¿Cuándo querrá Dios, Inés,   2250
              que estemos juntos los dos?
                 Aquí se acabó mi vida,
              que es lo mismo que partirme.

                    Tello no sale, o no puede
                    acabar de despedirse.   2255
                    Voyme, que él me alcanzará.

[Retírase doña Inés.]

(Al entrar [don Alonso], una sombra con una máscara negra y sombrero, y
puesta la mano en el puño de la espada, se le ponga delante.)

Don Alonso   ¿Qué es esto? ¿Quién va? De oírme
                    no hace caso. ¿Quién es? Hable.
                    ¡Que un hombre me atemorice,
                    no habiendo temido a tantos!   2260
                    ¿Es don Rodrigo? ¿No dice
                    quién es?

Sombra   Don Alonso.

Don Alonso   ¿Cómo?

Sombra   Don Alonso.

Don Alonso   No es posible.
                    Mas otro será, que yo
                    soy don Alonso Manrique...   2265
                    Si es invención, ¡meta mano!
                    Volvió la espalda.

[Vase la sombra.]

                              Seguirle,
                    desatino me parece.
                    ¡Oh imaginación terrible!
                    Mi sombra debió de ser...   2270

Mas no, que en forma visible
dijo que era don Alonso.
Todas son cosas que finge
la fuerza de la tristeza,
la imaginación de un triste.   2275
¿Qué me quieres, pensamiento,
que con mi sombra me afliges?
Mira que temer sin causa
es de sujetos humildes.
...O embustes de Fabia son,   2280
que pretende persuadirme
porque no me vaya a Olmedo,
sabiendo que es imposible.
Siempre dice que me guarde,
y siempre que no camine   2285
de noche, sin más razón
de que la envidia me sigue.
Pero ya no puede ser
que don Rodrigo me envidie,
pues hoy la vida me debe;   2290
que esta deuda no permite
que un caballero tan noble
en ningún tiempo la olvide.
Antes pienso que ha de ser
para que amistad confirme   2295
desde hoy conmigo en Medina;
que la ingratitud no vive
en buena sangre, que siempre
entre villanos reside.
En fin, es la quinta esencia   2300
de cuantas acciones viles
tiene la bajeza humana
pagar mal quien bien recibe.

(Vase.)

[Campo con árboles al lado de un camino.]

(Salen don Rodrigo, don Fernando, Mendo y Laín.)

Don Rodrigo   Hoy tendrán fin mis celos y su vida.

Don Fernando   Finalmente, ¿venís determinado?   2305

Don Rodrigo   No habrá consejo que su muerte impida,
                 después que la palabra me han quebrado.
                 Ya se entendió la devoción fingida,
                 ya supe que era Tello, su criado,
                 quien la enseñaba aquel latín que ha sido   2310
                 en cartas de romance traducido.
                     ¡Qué honrada dueña recibió en su casa
                 don Pedro en Fabia! ¡Oh mísera doncella!
                 Disculpo tu inocencia, si te abrasa
                 fuego infernal de los hechizos della.   2315
                 No sabe, aunque es discreta, lo que pasa,
                 y así el honor de entrambos atropella.
                 ¡Cuántas casas de nobles caballeros
                 han infamado hechizos y terceros!
                     Fabia, que puede trasponer un monte;   2320
                 Fabia, que puede detener un río,
                 y en los negros ministros de Aqueronte
                 tiene, como en vasallos, señorío;
                 Fabia, que deste mar, deste horizonte,
                 al abrasado clima, al Norte frío   2325
                 puede llevar un hombre por el aire,
                 le da liciones: ¿hay mayor donaire?

Don Fernando   Por la misma razón yo no tratara

de más venganza.

Don Rodrigo   ¡Vive Dios, Fernando,
que fuera de los dos bajeza clara!   2330

Don Fernando   No la hay mayor que despreciar amando.

Don Rodrigo   Si vos podéis, yo no.

Mendo   Señor, repara
en que vienen los ecos avisando
de que a caballo alguna gente viene.

Don Rodrigo   Si viene acompañado, miedo tiene.   2335

Don Fernando   No lo creas, que es mozo temerario.

Don Rodrigo   Todo hombre con silencio esté escondido.
Tú, Mendo, el arcabuz si es necesario,
tendrás detrás de un árbol prevenido.

Don Fernando   ¡Qué inconstante es el bien, qué loco y vario!   2340
Hoy a vista de un rey salió lucido,
admirado de todos a la plaza,
y ¡ya tan fiera muerte le amenaza!

(Escóndanse.)

(Salga don Alonso.)

Don Alonso   Lo que jamás he temido
que es algún recelo o miedo,   2345
llevo caminando a Olmedo.
Pero tristezas han sido.

Del agua el manso rüido
y el ligero movimiento
destas ramas, con el viento,   2350
mi tristeza aumentan más.
Yo camino, y vuelve atrás
mi confuso pensamiento.
    De mis padres el amor
y la obediencia me lleva,   2355
aunque ésta es pequeña prueba
del alma de mi valor.
Conozco que fue rigor
el dejar tan presto a Inés...
¡Qué escuridad! Todo es   2360
horror, hasta que el Aurora
en las alfombras de Flora
ponga los dorados pies.

(Toca.)   Allí cantan. ¿Quién será?
Mas será algún labrador   2365
que camina a su labor.
Lejos parece que está;
pero acercándose va.
Pues ¡cómo! Lleva instrumento,
y no es rústico el acento,   2370
sino sonoro y suave.
¡Qué mal la música sabe,
si está triste el pensamiento!

(Canten desde lejos en el vestuario, y véngase acercando la Voz, como que camina.)

        Que de noche le mataron
            al caballero   2375
        la gala de Medina,
            la flor de Olmedo.

Don Alonso   ¡Cielos! ¿Qué estoy escuchando?
                    Si es que avisos vuestros son,
                    ya que estoy en la ocasión,   2380
                    ¿de qué me estáis informando?
                        Volver atrás, ¿cómo puedo?
                    Invención de Fabia es,
                    que quiere, a ruego de Inés,
                    hacer que no vaya a Olmedo   2385

Voz [Dentro.]   Sombras le avisaron
                        que no saliese,
                    y le aconsejaron
                        que no se fuese
                        el caballero,   2390
                    la gala de Medina,
                        la flor de Olmedo.

[Sale un labrador.]

Don Alonso   ¡Hola, buen hombre, el que canta!

Labrador   ¿Quién me llama?

Don Alonso   Un hombre soy
                    que va perdido.

Labrador   Ya voy.   2395

(Sale un labrador.)

                    Veisme aquí.

Don Alonso [Aparte.] (Todo me espanta.)

¿Dónde vas?

Labrador   A mi labor.

Don Alonso   ¿Quién esa canción te ha dado,
que tristemente has cantado?

Labrador   Allá en Medina, señor.   2400

Don Alonso   A mí me suelen llamar
el Caballero de Olmedo,
y yo estoy vivo...

Labrador   No puedo
deciros deste cantar
     más historias ni ocasión   2405
de que a una Fabia la oí.
Si os importa, yo cumplí
con deciros la canción.
     Volved atrás, no paséis
deste arroyo.   2410

Don Alonso   En mi nobleza,
fuera ese temor bajeza.

Labrador   Muy necio valor tenéis.
     Volved, volved a Medina.

Don Alonso   Ven tú conmigo.

Labrador   No puedo.

[Vase.]

| Don Alonso | ¡Qué de sombras finge el miedo! | 2415 |

Don Alonso   ¡Qué de sombras finge el miedo!   2415
¡Qué de engaños imagina!
   Oye, escucha. ¿Dónde fue,
que apenas sus pasos siento?
¡Ah, labrador! Oye, aguarda...
«Aguarda», responde el eco.   2420
¡Muerto yo! Pero es canción
que por algún hombre hicieron
de Olmedo, y los de Medina
en este camino han muerto.
A la mitad dél estoy: 2425
¿qué han de decir si me vuelvo?
Gente viene... No me pesa;
si allá van, iré con ellos.

(Salgan don Rodrigo y don Fernando y su gente.)

Don Rodrigo   ¿Quién va?

Don Alonso   Un hombre. ¿No me ven?

Don Fernando   Deténgase.

Don Alonso   Caballeros,   2430
si acaso necesidad
los fuerza a pasos como éstos,
desde aquí a mi casa hay poco:
no habré menester dineros;
que de día y en la calle   2435
se los doy a cuantos veo
que me hacen honra en pedirlos.

Don Rodrigo   Quítese las armas luego.

Don Alonso	¿Para qué?

Don Rodrigo	Para rendillas.

Don Alonso	¿Saben quién soy?

Don Fernando

        El de Olmedo,   2440
el matador de los toros,
que viene arrogante y necio
a afrentar los de Medina;
el que deshonra a don Pedro
con alcagüetes infames.   2445

Don Alonso

Si fuérades a lo menos
nobles vosotros, allá,
pues tuvistes tanto tiempo,
me hablárades, y no agora,
que solo a mi casa vuelvo.   2450
Allá en las rejas, adonde
dejastes la capa huyendo,
fuera bien, y no en cuadrilla
a media noche, soberbios.
Pero confieso, villanos,   2455
que la estimación os debo,
que, aun siendo tantos, sois pocos.

(Riñan.)

Don Rodrigo

Yo vengo a matar, no vengo
a desafíos, que, entonces,
te matara cuerpo a cuerpo.   2460

[A Mendo.]

Tírale.

(Disparen dentro.)

Don Alonso   Traidores sois;
pero sin armas de fuego
no pudiérades matarme.
¡Jesús!

[Cae.]

Don Fernando   ¡Bien lo has hecho, Mendo!

Don Alonso   ¡Qué poco crédito di   2465
a los avisos del cielo!
Valor propio me ha engañado,
y muerto envidias y celos.
¡Ay de mí! ¿Qué haré en un campo
tan solo?

(Sale Tello.)

Tello   Pena me dieron   2470
estos hombres que a caballo
van hacia Medina huyendo.
Si a don Alonso habían visto
pregunté; no respondieron.
¡Mala señal! Voy temblando.   2475

Don Alonso   ¡Dios mío, piedad! ¡Yo muero!
Vos sabéis que fue mi amor
dirigido a casamiento.
¡Ay, Inés!

Tello

De lastimosas
quejas siento tristes ecos.   2480
Hacia aquella parte suenan.
No está del camino lejos
quien las da. No me ha quedado
sangre; pienso que el sombrero
puede tenerse en el aire   2485
solo en cualquiera cabello.
¡Ah, hidalgo!

Don Alonso

¿Quién es?

Tello

¡Ay, Dios!
¿Por qué dudo lo que veo?
Es mi señor don Alonso.

Don Alonso

Seas bien venido, Tello.   2490

Tello

¿Cómo, señor, si he tardado?
¿Cómo, si a mirarte llego
hecho una fiera de sangre?
¡Traidores, villanos, perros,
volved, volved a matarme,   2495
pues habéis, infames, muerto
el más noble, el más valiente,
el más galán caballero
que ciñó espada en Castilla!

Don Alonso

Tello, Tello, ya no es tiempo   2500
más que de tratar del alma.
Ponme en tu caballo presto
y llévame a ver mis padres.

Tello

¡Qué buenas nuevas les llevo

de las fiestas de Medina!   2505
¿Qué dirá aquel noble viejo?
¿Qué hará tu madre y tu patria?
¡Venganza, piadosos cielos!

[Sala de la casa en que se hospeda el rey en Medina. Salen don Pedro, doña Inés, doña Leonor, Fabia y Ana.]

Doña Inés   ¿Tantas mercedes ha hecho?

Don Pedro   Hoy mostró con su real   2510
mano, heroica y liberal,
la grandeza de su pecho.
   Medina está agradecida,
y, por la que he recibido,
a besarla os he traído.   2515

Doña Leonor   ¿Previene ya su partida?

Don Pedro   Sí, Leonor, por el Infante,
que aguarda al Rey en Toledo.
En fin, obligado quedo;
que por merced semejante,   2520
   más por vosotras lo estoy,
pues ha de ser vuestro aumento.

Doña Leonor   Con razón estás contento.

Don Pedro   Alcaide de Burgos soy.
   Besad la mano a Su Alteza.   2525

Doña Inés
[Aparte a Fabia.]   ¡Ha de haber ausencia, Fabia!

| Fabia | Más la fortuna te agravia. |

| Doña Inés | No en vano tanta tristeza
  he tenido desde ayer. |

| Fabia | Yo pienso que mayor daño 2530
te espera, si no me engaño,
como suele suceder,
  que en las cosas por venir
no puede haber cierta ciencia. |

| Doña Inés | ¿Qué mayor mal que la ausencia, 2535
pues es mayor que morir? |

| Don Pedro | Ya, Inés, ¿qué mayores bienes
pudiera yo desear,
si tú quisieras dejar
el propósito que tienes? 2540
  No porque yo te hago fuerza,
pero quisiera casarte. |

| Doña Inés | Pues tu obediencia no es parte
que mi propósito tuerza.
  Me admiro de que no entiendas 2545
la ocasión. |

| Don Pedro | Yo no la sé. |

| Doña Leonor | Pues yo por ti la diré,
Inés, como no te ofendas.
  No la casas a su gusto.
¡Mira qué presto! |

| Don Pedro | |

| [A doña Inés.] | Mi amor | 2550 |

se queja de tu rigor,
porque, a saber tu disgusto,
no lo hubiera imaginado.

Doña Leonor Tiene inclinación Inés
a un caballero, depués
que el Rey de una cruz le ha honrado   2555
que esto es deseo de honor,
y no poca honestidad.

Don Pedro Pues si él tiene calidad
y tú le tienes amor,   2560
¿quién ha de haber que replique?
Cásate en buen hora, Inés.
Pero ¿no sabré quién es?

Doña Leonor Es don Alonso Manrique.

Don Pedro Albricias hubiera dado.   2565
¿El de Olmedo?

Doña Leonor   Sí, señor.

Don Pedro Es hombre de gran valor,
y desde agora me agrado
de tan discreta elección;
que si el hábito rehusaba,   2570
era porque imaginaba
diferente vocación.
Habla, Inés, no estés ansí.

Doña Inés Señor, Leonor se adelanta;
que la inclinación no es tanta   2575

	como ella te ha dicho aquí.	

Don Pedro	Yo no quiero examinarte,	
	sino estar con mucho gusto	
	de pensamiento tan justo	
	y de que quieras casarte.	2580
	Desde agora es tu marido;	
	que me tendré por honrado	
	de un yerno tan estimado,	
	tan rico y tan bien nacido.	

Doña Inés	Beso mil veces tus pies.	2585
	Loca de contento estoy,	
	Fabia.	

| Fabia | El parabién te doy, | |
| [Aparte.] | si no es pésame después. | |

| Doña Leonor | El Rey. | |

(Salen el rey, el condestable y gente, y don Rodrigo y don Fernando.)

| Pedro [A sus hijas.] | Llegad a besar | |
| | su mano. | |

| Doña Inés | ¡Qué alegre llego! | 2590 |

Don Pedro	Dé Vuestra Alteza los pies,	
	por la merced que me ha hecho	
	de la alcaidía de Burgos,	
	a mí y a mis hijas.	

| Rey | Tengo | |
| | bastante satisfacción | 2595 |

de vuestro valor, don Pedro,
y de que me habéis servido.

Don Pedro

Por lo menos lo deseo.

Rey

¿Sois casadas?

Doña Inés

No, señor.

Rey

¿Vuestro nombre?

Doña Inés

Inés.

Rey

¿Y el vuestro? 2600

Doña Leonor

Leonor.

Condestable

Don Pedro merece
tener dos gallardos yernos,
que están presentes, señor,
y que yo os pido por ellos
los caséis de vuestra mano. 2605

Rey

¿Quién son?

Don Rodrigo

Yo, señor, pretendo,
con vuestra licencia, a Inés.

Don Fernando

Y yo a su hermana le ofrezco
la mano y la voluntad.

Rey

En gallardos caballeros 2610
emplearéis vuestras dos hijas,
don Pedro.

Don Pedro   Señor, no puedo
dar a Inés a don Rodrigo,
porque casada la tengo
con don Alonso Manrique,   2615
el Caballero de Olmedo,
a quien hiciste merced
de un hábito.

Rey   Yo os prometo
que la primera encomienda
sea suya...

Don Rodrigo [Aparte a don Fernando.]
             ¡Estraño suceso!   2620

Don Fernando
[Aparte a don Rodrigo.] Ten prudencia.

Rey   Porque es hombre
de grandes merecimientos.

[Tello, dentro.]

Tello   Dejadme entrar.

Rey   ¿Quién da voces?

Condestable Con la guarda un escudero
que quiere hablarte.

Rey   Dejadle.   2625

Condestable Viene llorando y pidiendo

                        justicia.

Rey   Hacerla es mi oficio.
                        Eso significa el cetro.

(Sale Tello.)

Tello   Invictísimo don Juan,
                        que del castellano reino,   2630
                        a pesar de tanta envidia,
                        gozas el dichoso imperio:
                        con un caballero anciano
                        vine a Medina, pidiendo
                        justicia de dos traidores;   2635
                        pero el doloroso exceso
                        en tus puertas le ha dejado,
                        si no desmayado, muerto.
                        Con esto yo, que le sirvo,
                        rompí con atrevimiento   2640
                        tus guardas y tus oídos:
                        oye, pues te puso el cielo
                        la vara de su justicia
                        en tu libre entendimiento,
                        para castigar los malos   2645
                        y para premiar los buenos.
                        La noche de aquellas fiestas
                        que a la Cruz de Mayo hicieron
                        caballeros de Medina,
                        para que fuese tan cierto   2650
                        que donde hay cruz hay pasión;
                        por dar a sus padres viejos
                        contento de verle libre
                        de los toros, menos fieros
                        que fueron sus enemigos,   2655

partió de Medina a Olmedo
don Alonso, mi señor,
aquel ilustre mancebo
que mereció tu alabanza,
que es raro encarecimiento.   2660
Quedéme en Medina yo,
como a mi cargo estuvieron
los jaeces y caballos,
para tener cuenta dellos.
Ya la destocada noche,   2665
de los dos polos en medio,
daba a la traición espada,
mano al hurto, pies al miedo,
cuando partí de Medina;
y al pasar un arroyuelo,   2670
puente y señal del camino,
veo seis hombres corriendo
hacia Medina, turbados
y, aunque juntos, descompuestos.
La Luna, que salió tarde,   2675
menguado el rostro sangriento,
me dio a conocer los dos;
que tal vez alumbra el cielo
con las hachas de sus luces
el más escuro silencio,   2680
para que vean los hombres
de las maldades los sueños,
porque a los ojos divinos
no hubiese humanos secretos.
Paso adelante, ¡ay de mí!,   2685
y envuelto en su sangre veo
a don Alonso espirando.
Aquí, gran señor, no puedo
ni hacer resistencia al llanto,

ni decir el sentimiento. 2690
En el caballo le puse
tan animoso, que creo
que pensaban sus contrarios
que no le dejaban muerto.
A Olmedo llegó con vida, 2695
cuanto fue bastante, iay cielo,
para oír la bendición
de dos miserables viejos,
que enjugaban las heridas
con lágrimas y con besos. 2700
Cubrió de luto su casa
y su patria, cuyo entierro
será el del fénix, señor,
después de muerto viviendo
en las lenguas de la fama, 2705
a quien conocen respeto
la mudanza de los hombres
y los olvidos del tiempo.

Rey   ¡Estraño caso!

Doña Inés   ¡Ay de mí!

Don Pedro   Guarda lágrimas y estremos, 2710
Inés, para nuestra casa.
[...]

Doña Inés   Lo que de burlas te dije,
señor, de veras te ruego.
Y a vos, generoso Rey, 2715
destos viles caballeros
os pido justicia.

Rey [A Tello.]   Dime,
pues pudiste conocerlos,
¿quién son esos dos traidores?
¿Dónde están? Que ¡vive el cielo   2720
de no me partir de aquí
hasta que los deje presos!

Tello   Presentes están, Señor;
don Rodrigo es el primero,
y don Fernando el segundo.   2725

Condestable   El delito es manifiesto,
su turbación lo confiesa.

Don Rodrigo   Señor, escucha...

Rey   Prendedlos,
y en un teatro mañana
cortad sus infames cuellos: 2730
fin de la trágica historia
del Caballero de Olmedo.

Fin

Libros a la carta

A la carta es un servicio especializado para
empresas,
librerías,
bibliotecas,
editoriales
y centros de enseñanza;
y permite confeccionar libros que, por su formato y concepción, sirven a los propósitos más específicos de estas instituciones.
Las empresas nos encargan ediciones personalizadas para marketing editorial o para regalos institucionales. Y los interesados solicitan, a título personal, ediciones antiguas, o no disponibles en el mercado; y las acompañan con notas y comentarios críticos.
Las ediciones tienen como apoyo un libro de estilo con todo tipo de referencias sobre los criterios de tratamiento tipográfico aplicados a nuestros libros que puede ser consultado en Linkgua-ediciones.com.
Linkgua edita por encargo diferentes versiones de una misma obra con distintos tratamientos ortotipográficos (actualizaciones de carácter divulgativo de un clásico, o versiones estrictamente fieles a la edición original de referencia).
Este servicio de ediciones a la carta le permitirá, si usted se dedica a la enseñanza, tener una forma de hacer pública su interpretación de un texto y, sobre una versión digitalizada «base», usted podrá introducir interpretaciones del texto fuente. Es un tópico que los profesores denuncien en clase los desmanes de una edición, o vayan comentando errores de interpretación de un texto y esta es una solución útil a esa necesidad del mundo académico.
Asimismo publicamos de manera sistemática, en un mismo catálogo, tesis doctorales y actas de congresos académicos, que son distribuidas a través de nuestra Web.
El servicio de «libros a la carta» funciona de dos formas.
1. Tenemos un fondo de libros digitalizados que usted puede personalizar en tiradas de al menos cinco ejemplares. Estas personalizaciones pueden ser de todo tipo: añadir notas de clase para uso de un grupo de estudiantes, introducir logos corporativos para uso con fines de marketing empresarial, etc. etc.

2. Buscamos libros descatalogados de otras editoriales y los reeditamos en tiradas cortas a petición de un cliente.